淡交新書

文楽の男

初世 吉田玉男の世界

淡交社

初世 吉田玉男
山川静夫

目次

写真・青木信二

徳兵衛

【曾根崎心中】

私（山川）が文楽と出会ったのは、まだ学生時代の昭和二十九年六月である。ひいきから贈られた色とりどりの幟《のぼり》がゆれる新橋演舞場。その三階席から舞台を見下ろすと、頭の小さな人形がフワフワと宙に浮いて見え、障子のあけたてにしても、鴨居《かもい》ばかりで敷居のない道具建ては、まことに奇妙なものだった。

それもそのはず、文楽独得の舞台機構である手すりによって地の面を決め、人形を浮かせて遣《つか》う約束事を知らなかったのである。だから、三階席から見下ろす見方は、どだい成り立たなかったのだ。

昭和三十年七月の新橋演舞場で、私は運よく『曾根崎心中《そねざきしんじゅう》』を観ることができた。東京での初演で、お初《はつ》が二世吉田栄三《えいざ》（注1）、徳兵衛《とくべえ》が初世吉田玉男だった。その筋書は、今でも大切に保存しているが、当時の玉男の印象は、と聞かれても定かではない。

その頃は、文楽が東京にやってくると、因会《ちなみ》（注2）は新橋演舞場、三和会《みつわ》は三越劇場でやるのがふつうだった。そして、因会が芸術院会員の豊竹山城少掾《とよたけやましろのしょうじょう》（注3）と吉田文五郎（難波掾《なにわのじょう》）（注4）をはじめ総動員で東上するので、大阪がカラッポになるから〝総引越し興行〟と呼び、「三の替わり」、つまり、出し物を三度替えて、七日ずつ三回も公演していたのである。

人形遣いは大変だった。一回目の出し物で使った人形は、最終日の夜につぶして、次の二の替わりの人形のこしらえをしなければならない。だから、文五郎でも演舞場に泊っていたほどで、ましてや玉男も、楽屋を寝場所として使うのが常だったと言う。

昭和二十八年の夏、二世鴈治郎《がんじろう》と二世扇雀（現坂田藤十郎）が『曾根崎心中』を新橋演舞場で復活上演したのが大きな話題となり、文楽でもぜひ上演したいと関係者は考えた。近松門左衛門（注5）が人形芝居として書き下ろしたものだし、近松の数ある世話物の第一作という重要な位置にある『曾根崎心中』だ。その初演以来、長いあいだ上演されなかった作品の復活だけに、慎重を期し、力をこめた。

昭和三十年一月、大阪四ツ橋《よつばし》の文楽座（注6）で『曾根崎心中』の復活上演が実現した。

それをそのまま東京の七月興行で再演したわけだ。近松の文章はしかと残っていたが、あらたに節付けをして、三人遣いの人形の舞台をつくるのは、まるで新作をつくるのと同じだった。玉男はその渦中にいた。三十六歳の時である。

玉男　まあ新作ですわ。この時はじめて文楽に演出がついたんですわ、鷲谷樗風《わしたにちょふう》（注7）さんの。演出いうても、出てきての位置とかを決めるだけで、しぐさとかはこっちまかせで。だから何もかも決められるより、しやすいところもありましたけどね。徳兵衛の「生玉社前《いくだましゃぜん》」のことばなんかでも、長い文句がありますねん。お初にしゃべっていることばが長いんですわ。そういうのを重ならんように、同じしぐさにならんようにとか。本読んで、自分でつくっていく楽しみが新作みたいにあったわね。動きなんかでも、昔からある忠兵衛とか治兵衛とか、そんなんのあるところを参考にして、初世の栄三（注8）さんが徳兵衛を持ったとしたら、こうするかいなとか、あれこれ自分で想像してつくる楽しみはありますわな。何もかも自分でつくり出しましたね。長い台詞《せりふ》の中で、しぐさとか手数を重ならないようにすること、それに気をつけてやって、まあ、まとまりましたわな。振付は「道行《みちゆき》（注9）」だけですわ。あれは林扇矢《せんや》（注10）さんの振付、よかった。なかなか振付が効いていますな。この仕事が気に入って、それからのち、文楽の振付はこの人がやるようになりましたわ。『長町女腹切《ながまちおんなのはらきり》』『鑓《やり》の権三重帷子《ごんざかさねかたびら》』とつづいたかな、みな扇矢さんの仕事です。

歌舞伎では、「天満屋の段」で、縁先に腰かけた扇雀のお初の足を、縁の下にひそむ鴈治郎の徳兵衛が取って、自分の喉《のど》にすりつけるところの色っぽさが、大きな話題になっていた。

それを文楽でやるか、やらぬか。もとより近松の文章も「足をとっておし頂き」とあるから、歌舞伎よりさらに原作に近づけるためにも、ここは無視できない。

ところが、文楽の人形の女形《おんながた》には足がないのだ。

玉男 みながどうしようこうしよう言い出してね、ふつうやったら、人形持って一回やるだけやけど、その時はね、舞台稽古を二、三回やっているはずですわ、三回くらいはやったな。いろいろやったんですけどね、「やっぱりコレは足出して持ったほうがやりやすい」と私が言い出したわけや。そしたら女の足を吊るわけにはいかんからね。邪魔になるから。で、足を裾《すそ》から忍ばして入れてもらって片方ずつ、裾を上げるようにして足の先を出して

「天満屋の段」　お初（簑助）

もらう。女の人形は短いから、人形の態を崩さんようにして足を出してもらった。はじめは左足首を出してもらって、顎《あご》でなでる。「わたしゃ、死ぬ」いう意味でね。二度目は右の足を出して、右足を頂く。感謝する。そのお初の足の入れ方がね、よっぽどでないと、胴体から膝とつながっている足に見えんことがある。その時のお初は栄三さんで、足遣い（注11）は小玉、今の文吾（平成二十年没）でしたわ。私のほうの徳兵衛の足は玉昇（注12）、左遣い（ひだり・注13）は今の文雀（平成二十八年引退）君やった。

　こうして文楽の『曾根崎心中』でも、女の足を、男が押し頂くところがひとつの見せ場になった。「天満屋」は、八世綱太夫《つなたゆう》（注14）・十世弥七《やしち》が演奏し、その近松物にふさわしい表現力はみごとだった。また、復活にあたって改訂・作曲も大切なポイントで、西亭《にしてい》（野澤松之輔・注15）が「道行」にすばらしい曲をつけたのも成功の原因であった。

　初演以来、お初を遣う人は替わっていったが、徳兵衛役は一貫して玉男が通している。そして、舞台での感触をふまえて、演出も、玉男の考え方によって変化していく。

玉男　最期の心中場があって、刀を突かずに引き寄せて、刀を構えたところでチョン。これで終わっていた。それが外国へ行ってこの心中場をやったら、「心中いうのは、おなごだけを殺すんか」言われてね。それで「突いてみよ」と。けど突くだけでは女だけ殺すことになるから、突いて抜いて、男も喉笛を切って、抱きついて一緒に倒れる、というところで幕にしようと。外国と、鑑賞教室の学生には、この見せ方にしようということになった。余韻《よいん》を残すほうがよいとも思うんやけど。今はもう倒れるところまでやってしまいます。

衣裳は歌舞伎と同じ衣裳に仕立てた。はじめての時は衣裳考証があって、中村貞以《ていい》先生が担当された。ところが演出の鷲谷さんが「天神森」の道行は派手なほうがいいと、徳兵衛の衣裳も白っぽい縞柄にしていました。それを夏の東京公演から、僕自身で「生玉社前」から一貫した同じ衣裳に変えました。天満屋から逃げて行くのになんで衣裳替えるのか、おかしいな、と。こっちも気分がのらないしね。初演の時の写真は白っぽい衣裳です。お初は、二階へ上がって行燈《あんどん》の火を消したりして衣裳を着替えても、死ぬ覚悟として自然なんやけど、男は着替える文句も場面もないのに。そのままのほうがいいと。

『曾根崎心中』の復活上演は、近松ブームを起こすきっかけとなった。それまで近松の世話物は『冥途《めいど》の飛脚《ひきゃく》』とか『天網島時雨炬燵《てんのあみじましぐれのこたつ》』など、ごく一部の作品だけが舞台にかけられていて、あとの大部分のものは、戯曲としてよりも文学作品として評価される傾向にあったのだが、それが『曾根崎心中』の復曲をきっかけに、当然のことながらすぐれた脚本としてよみがえったのである。

現在（平成十四年当時）の玉男は、吉田簑助《みのすけ》（注16）のお初とコンビを組んでいるが、人形遣い同士の関係や、徳兵衛という人物の表現についてこう語る。

玉男　それは私のほうが主導。立役《たちやく》がまわして、引っぱっていって、女形がついてくるよってね。合わす、合わさんというのじゃなくて、立役についてきてもらうのが、女形の役目やから。

栄三さんが相手やってた時も、栄三さんは私よりずっと先輩やったけどね、それでも私が立役だから、立役についていてきます。女形が一人でやるところはそれはそれでエエんやけれど、二人でやるところは、私に合わしますわね。

二枚目でも、徳兵衛なんかは、ちょっと幼稚なとこもあったり、そんな感じが出ると可愛いなったりね、あんまり分別すぎてもいかんしね。心中場は真剣やけどね。それまでのところはちょっと幼稚なところがあって、可愛げがあって、二枚目の色気が出るね。

平成六年八月二十日に、大阪の国立文楽劇場で上演された『曾根崎心中』で、玉男は千回目の徳兵衛を演じた。人形遣いが同じ役を千回も演じたのは、三百年をこえる文楽の歴史の中ではじめてのことだ。千回目の舞台が終わったあと、お初の簑助から花束が贈られ、観客は大きな拍手で祝福した。

玉男　こんなにも長いことやれるとは思わなんだわ。徳兵衛は好きな役でね。まあ僕が生んで育てたような役やからな。次は千百十一回を目標に、若々しい徳兵衛を見せたいね。

山川　近松物は、やっていて、面白いですか？　太夫さんは面白いらしいけど……。

玉男　フーン。近松のものは僕もずいぶん手がけましたな。心中だらけで。

■　■　■

曾根崎心中（そねざきしんじゅう）

元禄十六年（一七〇三）五月大坂竹本座初演。近松門左衛門作。醤油商平野屋の手代徳兵衛と遊女お初の心中事件を脚色した近松の世話浄瑠璃第一作。徳兵衛は主人の姪との縁談を断ったが、養母が受け取った結納金を友人の油屋九平次にだまし取られてしまう。またお初にも身請け話が持ち上がっていたため、二人は愛を貫くた

「天神森の段・道行」　お初（簑助）

めに心中することを選ぶ。昭和三十年（一九五五）一月大阪四ツ橋文楽座で野澤松之輔の脚色・作曲により復活。

注1　**二世吉田栄三**（よしだ・えいざ　一九〇三〜七四）　初世吉田栄三門下に入り吉田栄太郎。のち三世吉田光造から師匠の名を襲名。女形遣いとして戦後の文楽因会の中心となり、近松物の復活や新作物では主役の女形を演じる。先代ゆずりの役も得意とした。

注2　**因会・三和会**（ちなみかい　一九四八〜六三／みつわかい　一九四九〜六三）　日本映画演劇労働組合大阪支部文楽座分会は賃上げ交渉を松竹とおこなったが、交渉は決裂。組合派は松竹を離れ三和会と名乗り、東西の三越劇場と地方巡業を中心に興行をおこなった。また、組合に参加しなかった人、脱退した人による一座が因会で、松竹の管理下の劇場で興行をおこなった。大阪は四ツ橋文楽座（のちに道頓堀文楽座）、東京は新橋演舞場を常打ち劇場とした。

注3　**豊竹山城少掾（二世古靭太夫）**（とよたけ・やましろのしょうじょう／こうつぼたゆう　一八七八〜一九六七）　東京の子供太夫を経て二世竹本津太夫に入門。二世豊竹古靭太夫を襲名。故実や資料の研究をもとにした演奏が近代的と評価される。秩父宮家より山城少掾の掾号を賜る。現文楽の太夫はすべて山城少掾の芸系につながる。

注4　**三世吉田文五郎（難波掾）**（よしだ・ぶんごろう／なにわのじょう　一八六九〜一九六二）　初名吉田巳之助、のちに簑助。初世吉田玉助門下。三世桐竹亀松を襲名後、吉田簑助に戻る。三世吉田文五郎を襲名、文楽座に入座後は華やかな芸風の女形遣い一筋。のちに東久邇宮家より難波掾の掾号を賜る。

注5　**近松門左衛門**（ちかまつ・もんざえもん　一六九五～一七二六）　浄瑠璃作者。公家奉公の後作者となり、坂田藤十郎ら元禄歌舞伎の名優のために劇作をおこなう。竹本義太夫（筑後掾）に作者として迎えられ、義理と人情を劇作の根本にすえるなど浄瑠璃に新風を吹き込む。

注6　**四ツ橋文楽座**（よつばしぶんらくざ）　昭和五年一月旧近松座跡地に開場。舞台間口六間（一〇・八メートル）奥行五間（九メートル）約八五〇人収容。昭和二十年三月戦災にあう。二十一年二月復興。昭和三十年十二月閉場。

注7　**鷲谷樗風**（わしたに・ちょふう　一八九二～一九八二）　元産經新聞編集局長・演劇評論家。文楽後援組織「大阪文楽会」、文楽協会の役職を歴任。大阪の歴史や伝統芸能に明るく、『西陣物語』など新作、『今宮の心中』などを脚色、『曾根崎心中』などの演出を担当した。

注8　**初世吉田栄三**（よしだ・えいざ　一八七二～一九四五）　特定の師匠につかず修業、女形遣いとして認められていたが、文楽座に入座後、人形座頭に就任してから立役を中心に遣う。先輩からの教えを継承するばかりでなく、独自の工夫による近代的な演技が高く評価された。

注9　**道行**　浄瑠璃においての道行は、近松門左衛門の世話物の道行の創出以来心中物と結びつき、死出の旅路のかたちをとるようになった。とくに名高いものに、「名残の橋づくし」と『曾根崎心中』の「道行」がある。

注10　**林扇矢（澤村龍之介）**（はやし・せんや／さわむら・りゅうのすけ　一九一一～九四）　日本舞踊家。若柳流から宗家藤間流に移って藤間勘五郎の名を許されたが関西に移住し、のちに林流宗家の分家を継承し、林扇矢と名乗る。昭和三十四年澤村流を創流。藤間流時代からの縁で歌舞伎、文楽の振付に関わった。

注11　**足遣い**　人形の足の動作を受け持つ人形遣いのこと。

注12　**吉田玉昇**（よしだ・たましょう　一九三三～七八）　吉田栄三郎門下。のちに五世桐竹門造預かりから、二世吉田玉市門下へ、そして吉田玉男門下。立役遣いで若手公演では座頭役を次々とつとめ、将来を嘱望されていた。

注13　**左遣い**　人形の左手の動作を受け持つ人形遣いのこと。

注14　**八世竹本綱太夫**（たけもと・つなたゆう　一九〇四～六九）　豊竹山城少掾門下。故実に詳しく、時代物世話物ともにそれを的確に舞台で表現した。十世竹澤弥七を相三味線とし、古典曲の伝承、復曲、作曲と才能を披露した。人間国宝。

注15　**西亭（野澤松之輔）**（にしてい／のざわ・まつのすけ　一九〇二～七五）　六世野澤吉兵衛門下。初名野澤吉左。のちに七世野澤吉兵衛預かり。野澤松之輔と改名。若くして作曲の才を認められ『曾根崎心中』ほかの数々の新作、復活上演に関わる。西亭はペンネーム。人間国宝。

注16　**吉田簑助**（よしだ・みのすけ　一九三三～）　父は二世桐竹紋太郎。三世吉田文五郎門下から二世桐竹紋十郎門下へ。戦後紋十郎に従い三和会で女形遣いとして活躍。文楽協会設立後、吉田玉男の相手役をつとめることにもなった。人間国宝。

忠兵衛

【冥途の飛脚】

近松門左衛門は、忠兵衛《ちゅうべえ》という男を、どう書いたか。

忠兵衛という人物にふれる時、友人の丹波屋八右衛門という男の存在を忘れてはならない。

近松原作の『冥途《めいど》の飛脚《ひきゃく》』では、八右衛門の、忠兵衛に対する友情がはっきりと表現されているが、若竹笛躬《わかたけふえみ》の改作『けいせい恋飛脚《こいびきゃく》』や、歌舞伎から逆輸入した『恋飛脚大和《こいびきゃくやまと》往来《おうらい》』になると、忠兵衛に同情するあまり、八右衛門は「悪者」「嫌われ者」としてあつかわれる。これはあきらかに原作の意図がねじまげられているのだ。

中の島の「丹波屋」の八右衛門といえば、北浜の米問屋を代表する顔役である。その八右衛門が待っている江戸からの為替《かわせ》の金が、なかなか届かないので、そのさいそくに淡路町の飛脚問屋「亀屋」へ使いを出す。

この時、「亀屋」の店をあずかる手代《てだい》の伊兵衛が対応をあやまった。

「八右衛門さんほどのお方が、そんな理屈めいた口上はおっしゃるまい。当方は、大金を他人様からあずかって江戸と大坂を自分の家同然に往き来している亀屋だぞ。少しは届けるのが遅れることもある。たった五十両やそこらの金で、くじゃらぐじゃら言うもんではない！」

これを使いの者から聞いて、八右衛門の顔色が変わった。

発端はここからだが、八右衛門は、忠兵衛が新町の遊女梅川《うめがわ》に夢中になっていることも、ちゃんと知っていて心配している。「淡路町」で、忠兵衛が苦しい言い訳をすると、

「丹波屋の八右衛門男ぢゃ。了簡して待つてやる」

と、男気を見せる。

八右衛門は、忠兵衛の行状を心配するあまり、自分が注意しても聞かぬならば、廓《くるわ》のほうから忠兵衛を遠ざけるように仕向けてもらおうと考えて、「越後屋」の座敷で、わざと忠兵衛の素行《そこう》をあばくのである。

かほどまでに、友人が心配し、恋人の梅川も自分の責任を感じて嘆き諭《さと》しても遅く、忠

兵衛は封印を切ってしまうのである。

玉男　忠兵衛は、やはり、面白いね。『冥途の飛脚』の「淡路町」から、いろいろ仕様があってね、八右衛門を門口でだますところ、言い訳のとこなんか、人形のしぐさ・手数が多いので、むつかしいですけど。しぐさが重《かさ》ならんようにせなあかんのでね。同じことを繰り返してやってはいかんので、そのへんを考えながらやってたら、なかなか面白い。自分で工夫ができる面白さがあるな。みな、文言《もんごん》ぜんぶ、手数の段取りはハラの中で決めておいてね。僕らこの忠兵衛は、『曾根崎心中』の徳兵衛を遣《つこ》うてからでのこっちゃからね、それらを応用しながら遣うてます。

「封印切」はもう登り切って（興奮の頂点）くるからね、登りつめて。これも忠兵衛が外にいて、八右衛門が内で忠兵衛のたな下ろしをしてる。それを聞いて、いきる（怒る）ところね。そんなとこがいろいろあるし。それから、突っかかって入っていって「八右衛門！」いうとこなんか、あこらも二枚目らしくないところを見せなあかんしな。ちょっと勢い込んだかたちになるからね。そのへんから忠兵衛の遣いどころ、見せ場になるからね。それから封印切るところは、懐手《ふところで》して、ブチッと切って、ブチブチと封印切って。そこは型というより、バサっとかたまりで落とさんと、バラバラバラっと落ちるようにと。座ったまま。八右衛門といさかいになったところに梅川が下りてくる。この梅川のサワリ（注1）の間はもうしぐさはないんやけれども、自分の仕事はないわ、というてぼさっとはしていられない。やっぱり、ちょっと聞いている感じもせなあかんし。かえって動いている時のほうがやりよい。もちろん封印切るところは見せ場やけどね、恥をかかされたというて、自分が覚悟してやっているんやけど、よそへ届けんならんもんを切るわけやから、忠兵衛もつらい。

梅川のクドキ（注2）を聞いている時の忠兵衛は、まだ気が登りつめていて、恥をかかされ、ただひたすら考えなしに、金なら持っているぞ、と見栄《みえ》を張る。あとは野となれ山となれというのだから、忠兵衛という男は、まったく無分別な人間で、その場しのぎのちゃらんぽらん。しかし、次第に死の恐怖が迫ってくる。

原作の『冥途の飛脚』は、封印を切ったあと、忠兵衛の実家がある大和（奈良県）の新口村《にのくちむら》へ梅川を連れて逃避行する下の巻になるが、この下の巻を、紀海音《きのかいおん》が改作したのが『傾城三度笠《けいせいさんどがさ》』である。

「封印切の段」

「新口村の段」は、親父の孫右衛門の芝居が中心になるから、忠兵衛ははなはだ損な役で、楽屋言葉では〝カス忠兵衛〟と言う。これは紙屋の『天網島時雨炬燵《てんのあみじましぐれのこたつ》』と同じで、「北新地河庄《きたしんちかわしょう》の段」ならば治兵衛が目立つけれど『炬燵』は女房のおさんにすっかり芝居を取られてしまう。

玉男は、若い頃から長い間、このカス忠兵衛ばかり遣っていたと笑う。これは、二世の栄三《えいざ》が「封印切の段」の忠兵衛を持ち役にしていたためだ。専売特許だったのである。昭和二十三年、兵役から帰って二年後の名古屋の御園座《みそのざ》でも、かはりカス忠兵衛をやらされた記憶があり、「封印切」をやったのはそれからずっとあとのことである。つまり、二世栄三の体力が弱ってきた頃から、ようやく「封印切」の忠兵衛役が、玉男にまわってくるわけだ。

山川　忠兵衛のような二枚目の気分ってどうですか？　いい男で、女にもてて、誰もが好きになるという。

玉男　『天網島』の治兵衛より、僕これ好きでんね。やっぱり、治兵衛は女房あってウロウロするやろ。忠兵衛、これは単純な恋愛でっしゃろ。

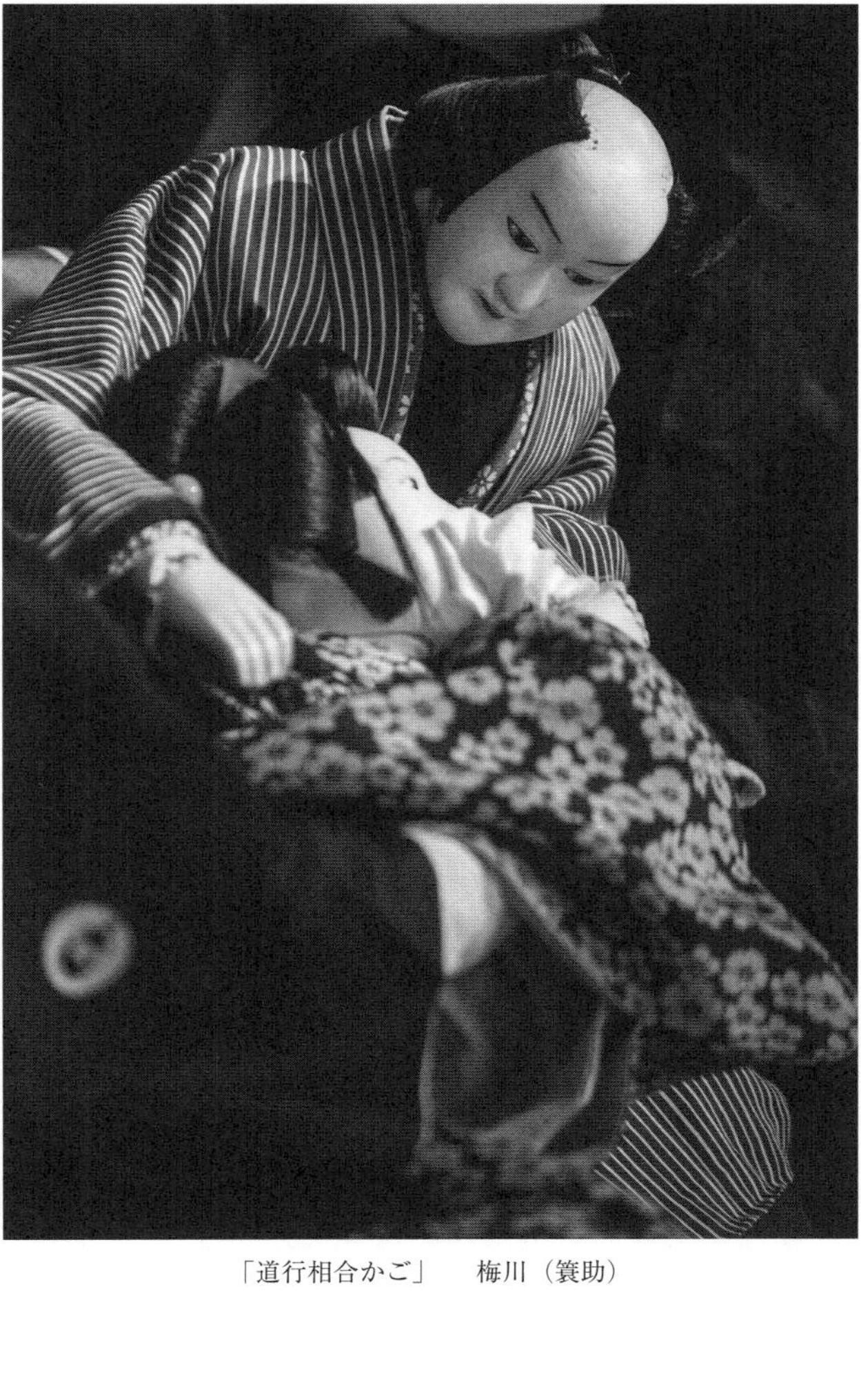

「道行相合かご」　梅川（簑助）

山川　不倫じゃないから。

玉男　そうそう。これと徳兵衛は。治兵衛はちゃんと子供もあるのに、よう、うつつ言うなあと。こっちのほうはまっすぐに行くけどね。

山川　玉男さんのご自身の経験としてはどうですか、若い頃からモテたと思うけれど?

玉男　(フッフッフ)まあ、わきまえた遊び人やな。

山川　非道はしない?

玉男　非道はしない。したことがない、わきまえとる。逃げ道知っているわな。

山川　それは何度か痛い目に遭ってのちのことですか。

玉男　痛い目に遭うたことないし。

山川　痛い目に遭った文楽の人多いですけどね。

玉男　要領がいいと人から言われましたね。

山川　要領がいいと言うと、どこかずるいようだけど、要領がよければ、危機は回避できますよね。

　寄ってくる女性は多かったでしょうね。楽屋によく若い女性ファンが訪ねてきたりすると、ねたまれたりしたんですか。

玉男　そんなことはなかったね。ちょっと嫌味言う人はおったやろけど。そんなんありがちなことやから、別に気にせえへんし。

玉男が、自分のことを「わきまえた遊び人」と言ったのは、なるほどと納得した。単なる真面目人間ではなく、遊ぶことも遊ぶ。しかし、遊び方を心得ているということだ。「要領がいい」というのも玉男らしい。「要領」というのは、「大切なところ」つまり、要点である。人形遣いには、いろいろな人がいるが、無駄な動きをする人もいる。そんな中で玉男は、役のポイントをよく考えて、理詰めで要領よく遣う人なのである。私生活も同じだったのだろう。

■　■　■

冥途の飛脚（めいどのひきゃく）
正徳元年（一七一一）大坂竹本座初演。近松門左衛門作。遊女槌屋梅川が連座した公金横領事件を脚色。飛脚屋亀屋の養子忠兵衛は梅川に入れ込み、店の取引先の金まで使い込む有様。大金を届ける途中、新町に足がむいた忠兵衛は、友人の丹波屋八右衛門に身上を言い立てられ、逆上して金に押された封印を切ってしまう。飛脚屋として許されぬ罪を犯した忠兵衛は、生きられるだけ生きようと梅川と手に手を取って実家の大和新口村を目指す。

注1　**サワリ**　義太夫節以外の音曲を取り入れた部分のことをいうが、派手な聞かせどころとなっていて、クドキの部分に使われることが多いので、クドキと同じ意味で使われている。他の旋律にサワルというのが語源。

注2　**クドキ**　派手で変化に富んだ太夫の聞かせどころのことで、女方が嘆き悲しむ場面に用いられる。義太夫節以外の音曲の曲節を取り入れることもあり、その意味でサワリとも呼ばれる。

治兵衛

【心中天網島】

紙屋治兵衛《じへえ》は、女房と二人の子供がありながら大坂曾根崎新地《そねざきしんち》の遊女小春に惚《ほ》れた。あげくのはてに商売の金に手をつけてしまった。それにつけこんで、治兵衛の仲間の太兵衛が尾ひれをつけて大ぼらを吹いたため、治兵衛はますます究地に立たされる。

治兵衛の兄孫右衛門は、侍姿に変装して小春に会い、それとなく小春と治兵衛を別れさせようとする。また、女房おさんも夫に内証で、小春に「別れてくれ」と手紙を出す。そんなこととは知らぬ治兵衛は、小春が心変わりしたかと疑い、ののしり、怒り、別れる覚悟がついて、取り交わした誓紙《せいし》を返す。ここまでが「北新地河庄《かわしょう》の段」だ。

家へ戻った治兵衛が、炬燵《こたつ》の中で悔し涙を流していると、女房おさんは、はじめは恨みごとを言うものの、自分が小春に手紙を出したことを打ち明け、このままでは小春が死ぬので、治兵衛が請《う》け出すようにすすめ、着物を質に入れてまで支度金《したくきん》をととのえる（「天満紙屋内の段」）。

女房への義理、兄への恩、小春への愛、この三者の対応に行き詰まった治兵衛は、小春と心中する（「道行名残りの橋づくし」）。

この『心中天網島《しんじゅうてんのあみしま》』は、『曾根崎心中』『冥途《めいど》の飛脚《ひきゃく》』と並ぶ近松作品だが、玉男の仕事に、近松の世話物は欠かせない。しかも似合っている。玉男の人形遣いとしての才能や、その写実の演技は、近松の世話物によって培《つちか》われた部分が大きい。

戦前の人形遣いは、幹部でも、見せ場以外は比較的には重要視されず、人形の遣い方も大ざっぱだった。つまり、浄瑠璃が主役で、文楽を観ることを「文楽を聴きにいく」とまで言ったものだ。

それが時代の要請というのか、戦後は、観客が次第に人形に興味を示しはじめた。そのあたりから、玉男の存在がクローズアップされたのである。太夫の教えに「節は切っても縁は切るな」というのがあるが、一段を語るあいだは、絶えず気持ちをこめ、「点」ではなく、継続した「線」として演じなければいけないということだ。それを、玉男は、太夫と同じように息を抜かず、「情」をこめた。見せ場以外でも、人物の感情の流れを重視したのである。

数々の相手役をつとめた簑助《みのすけ》は、この玉男の姿勢と存在が、後輩の人形遣いにもたらした影響は大きいと言っている。

山川 さて、治兵衛ですが。仕どころは、どういうところですか。

玉男 これはもう、「出《で》」ですわな。出が肝心。ある人が治兵衛を遣《つこ》うたのを見たら、歌舞伎のつもりで「魂《たましい》抜けてとぼ〳〵」とやった。文楽の場合はこうトントントントンと出ていくんやけど、その「魂抜けて」にこだわって、のそっと出ていく人があったね。いっぺん紋十郎（注1）さんも遣うたことがあって。僕がＮＨＫで小春遣うた。玉助（注2）さんの孫右衛門でね。その「とぼ〳〵」の解釈をね、どうしても歌舞伎風にやってしまうんやね。けど人形でぼそっとやったんでは、とぼとぼにならんね。

山川 「魂抜けてとぼ〳〵うか〳〵、身をこがす」を人形で表現するのは難しい。

玉男 この「河庄」の出、紋十郎さんの解釈は僕とはちょっとちがうね。

山川 「うか〳〵」には、軽い、軽薄な心がはずんでいる、という意味がありますよね。この「うか〳〵」の解釈で人形の振りは変わりますからね。紋十郎さんは「とぼ〳〵、うか〳〵」の解釈を「ぼっーと」としたんですかね？

そうすると玉男さんの場合は、どういうふうに遣おうと考えておられますか。

玉男　初世栄三《えいざ》さんが遣うていたような、その通りやっています。トントントントンと出て、ふっと気がついて行燈《あんどん》で。「可愛や小春が灯火に、背《そむ》けた顔のアノマア痩せたことはいなう」と言うところが見せ場ですな。「～～梅田か北野～知らせたい～」この間が治兵衛のやり場、見せ場。この間に治兵衛という人間の感情を全部出さないとあかんしな。ハラを遣うのには、治兵衛よりは孫右衛門ですわ。ハラを遣えるわね。孫右衛門いうのは、なるほど人形もむつかしいけれど、これ、太夫も変わり具合が、侍から商人への変わり目をあんじょうやってもらわんとな。

山川　「河庄」の孫右衛門は、にせ侍なんですからね。

玉男　刀の持ち方で、侍にならんように、差している刀を抜く時でも、侍のように鮮やかに抜かんようにせなあかんね。

山川　まあ、ハラを遣うとしたら、治兵衛よりも孫右衛門のほうで、難しいということですね。

玉男　治兵衛にはどこもかも、一応の型があるよってね。流れがあるし。

山川　いつ頃から、遣いはじめたんですか。

玉男　治兵衛な、これはわりあいと早ようから「紙屋内」は遣うてますねん。あまり動きはないところやけど、奥になったら、おさんが連れて帰られてからは、ちょっと動きがあるけど。それまではあまり動きのない、これも辛抱役でしたけれど。「河庄」は遣いたかったんやけれど、なかなかまわってきませんねん。初世栄三さんが遣うてたというんで、二世も同じようにやってて、二世のものということになってしまってて。二世が長い間遣ってましたよってな。そやから、早うから遣いたかったことは遣いたかったけどね。

山川　二世さんの持ち役になっていたから、玉男さんにはなかなかまわってこなかった。

玉男　ええ。やっぱり、順番立ててね。そのくせね、二世は「河庄」の治兵衛の手伝い（人形遣いの「左遣い」「足遣い」を幕内ではてったいと言う。そのほか、かいしゃく〈介錯〉と呼ばれる下働きもある）、左はあまりやってないんです。左や足はあまり遣うてない。それよりその下にいた栄三郎（注3）というのがおってね、これが、治兵衛肌の人形遣いやった。

山川　この人がまた、いい人形遣いだったようですね。

玉男　ええ。ずっとやってたらな。

山川　玉男さんとはライバルとか？

玉男　ライバル言うけど、だいぶ先輩です。栄三郎は三十八歳かな、若くして死にましたから。

山川　技術は相当の人でしたか。

玉男　物知りやったね。足で鍛えられてきておったから、足はうまかったからね。なかなかのもんで、僕ら、お手本にしてきたもんです。僕に、よく足を教えてくれたからね。そやから、僕の足はその人をお手本にして。そら、足は見事なもんでした。『勧進帳《かんじんちょう》』の弁慶の六法《ろっぽう》を踏むところなんかね、もうどない動いても、人形の中心に足をもっていくところなんか、うまかったね。

栄三郎さんが亡くなって、もう二世がずっと遣うておりましたからね。やっぱり、こういう役はね、順序があって、手伝い、足とか、左とかで、それを味わってこなんだらほんまもんにはならんね。

足とか、左とかは、やるだけやってこないとね、左は一生やってもエエいうくらいのもんやからね。左遣いの間に、もういろんな知識を収集できる時期だんね、甘いも辛いもわかってきてね。そやからその時分にぐんと左を遣うてるということは、舞台に出てることやからね、ほうぼうの人のやっている良し悪しも見てられて。エエものばっかり見ててもあかんのよ。悪いのも見ないとあかん。人のやっていることを見て、自分で直せるように

「北新地河庄の段」

せんと。あないならんようにせなあかんな、自分ならこないに（こんなふうに）やれるのとちがうか、とか。エエもんばかり見てても及ばんからな。良し悪しを、早うわかるようにならんといかんね。

山川　特に世話物というのは、見得《みえ》はしないですから、それでいて、その人物の人間を出さないといけないわけですからね。難しいですね。

玉男　そうそう。

山川　左の時というのは、主遣《おも》い（注4）だけじゃなくて、他の人形遣いも見えるのですか。

玉男　そうそう。足の時は見える範囲が少ない。真ん中にはさまれ、腰を低く下ろしていますでしょ。左はちょっと離れた感じで立ちますから、なんでも見られる。自分の人形が止まっている時なんか、人の人形も見られる。動きでもなんでも見える。

左遣いのちょっと肥えた時分になってきて、自分が舞台に出てない時など、舞台の袖から見るでしょ。けど袖ではほんの少ししか収集でけへんねん。そら、舞台でじかに見てるんとはちがう。袖から見てるんでは「あのオッサン、今頃勉強しとんのかいな」、そう思われる。見る位置もないし、そう長い間見てられるもんでもないし。そやから「楽屋で座布団あたためているようではいかん」いうことやね。

山川　まあすべて、舞台で手伝いして働く、ということ。

玉男　そうそう。出ている数が多いほうがいいと。僕ら若い頃、三和会《みつわ》と別れてたから黒衣《くろご》を着て出て、さっと入って役に着替えて出て、また、脱いで左に飛んで行ってと、衣裳片づける暇もないほどやった。「エライ目に合わしよんな」いうようなもんやけど、みな、身についてきたからね。分裂して人数少ないでしょ。だから「すしや」の維盛遣《これもり》うてね、入ってきたら今度は梶原の左や、左が入ったら今度はまた着替えて、維盛で出ていかなならんとか。

山川　三和会と因会《ちなみ》の分裂は、ある意味で勉強になったと。

玉男　そうそう。簑助君と清十郎君もあれで伸びたんや。てったいで。てったいへ行って。みな自分の糧になったんや、そやからあんなに伸びたんや。とっかえひっかえ、舞台をやらされてきたから。今は人数が多くて、それはエエことにちがいはないんやけど、遊んでいる間があるし、昔とちがってテレビもあったり、野球や相撲やいうて見に行ったりして。

■　■　■

心中天網島（しんじゅうてんのあみじま）
享保五年（一七二〇）十二月大坂竹本座初演。近松門左衛門作。紙屋治兵衛と遊女紀伊国屋小春の心中事件を脚

色。治兵衛は妻子がありながら小春と心中をちかう仲であった。小春は治兵衛の女房おさんの手紙に心を動かされ、治兵衛と別れようとするが、小春の心変わりを知った治兵衛は悔し涙を流す。おさんから事情を聞いた治兵衛は後悔するが、おさんは舅の五左衛門に連れ戻され、一方小春は恋敵に身請けされたので、二人は心中へとむかう。

注1　**二世桐竹紋十郎**（きりたけ・もんじゅうろう　一九〇〇〜七〇）　初名吉田小文。のちに吉田文昇、二世吉田簑助。三世吉田文五郎門下。戦後は三和会の代表者の一人としても精力的に活動。晩年は華やかであるだけでなく、役に陰翳が宿ったと評された。人間国宝。

注2　**三世吉田玉助**（よしだ・たますけ　一八九五〜一九六五）　三世吉田玉造門下。吉田玉幸から三世吉田玉助を襲名。戦後は因会に所属。戦後の人形座頭役として立役遣いの第一人者。四世吉田文三の古風で豪快な芸をめざしていた。

注3　**吉田栄三郎**（よしだ・えいざぶろう　一九一〇〜四七）　はじめ五世桐竹門造門下。初世吉田栄三門下に移り栄三郎と改める。才気ある芸で期待されてたが早世。

注4　**主遣い**　文楽の三人遣いにおいて、人形のかしらと右手の動作を受け持つ人形遣いのこと。

半兵衛

【心中宵庚申】

昭和四十年五月、近松の『心中宵庚申《しんじゅうよいごうしん》』中の巻「上田村の段」が、八世綱太夫《つなたゆう》・十世弥七《やしち》のコンビによって久方ぶりに復活した。昭和七年十月の四ツ橋《よつばし》文楽座上演以来のことである。三十二年前の時の人形は、お千代が吉田文五郎、半兵衛《はんべえ》が初世吉田栄三《えいざ》だった。劇場の上演ではなく、NHK大阪中央放送局のスタジオでの収録で、私も現場にいた。人形は、半兵衛が初世玉男、お千代を簑助《みのすけ》が遣《つか》った。栄三から玉男へ文五郎から簑助へ、という人形遣いの役がらひとつ取ってみても、この作品の価値が、なんとなくわかるような気がする。

三味線の竹澤弥七が、久しぶりの上演の感想をたずねた私の質問にこたえて、

「地味なもんだすけど、なかなか上田村は、エエもんですよ」

と、近松作品のよさをしきりにほめていた。

しとしとと進行していく中で、娘を嫁にやった父親（平右衛門）の思いや、半兵衛の閉《へい》塞《そく》状態が、説得力を持って表現され、最後の平右衛門の絶叫、

「灰になっても、帰るな」

ということばが、ドラマティックに用意されている。

この作品の特色は、半兵衛という男が、かつては武士だったという伏線である。半兵衛は八百屋へ養子にきても、武士的性格はぬぐい去れず、養母に対する義理と、妻に対する愛情との葛藤《かっとう》が、〝夫婦心中〟という特殊な形態を生むにいたるのだ。


【上の巻】

遠州浜松の武士山脇三左衛門の息子半兵衛は大坂新靭《しんうつぼ》の八百屋へ養子に出されている。父親の十七回忌で帰省中、城主の鷹狩りがあり、その調理役として、半兵衛はにわかに出仕するが、城主の帰ったあと、弟の小七郎と仲間の小一兵衛の衆道（男色）をとりもつ。

【中の巻】

「上田村の段」である。半兵衛の妻お千代は、最初の夫が身持ちが悪く離別し、二番目

の夫には死に別れ、半兵衛が三度目の夫だ。その夫の不在中に身重の身体でありながら姑にいびられ、上田村の実家に帰っている。

そこへ、なにも知らない半兵衛が偶然、浜松からの帰りに立ち寄る。お千代の父は病いの床で、『平家物語』の一節をお千代に読ませ、暗に姑去りのことを恨むので、半兵衛もようやく様子を知り、自分の生命に代えてもお千代を守ると平右衛門に約束し、大坂へ連れ帰る。

【下の巻】

大坂新靭の「八百屋の段」。半兵衛は、世間の悪名をさけるため、自分からお千代を離縁するといって姑を安心させ、いったん、お千代を呼び入れる。

養家と、お千代の実家、つまり「義理」と「人情」の板ばさみになった半兵衛は、お千代に最期の覚悟を打ち明け、姑の前でお千代を去って見せたのち、自分もあとから忍び出て、夫婦心中をとげる。

玉男　半兵衛はもと侍だし。そういうことを多少匂わせる。「上田村」ではもと侍らしいところが遣えるよってね。ちょんと見せますわな。「八百屋」の場ではあんまり侍がかっ

「上田村の段」　お千代（簑助）

たところは見せないほうがいい。「心中場」ではハッキリ侍がかったとこを見せて。腹切りをやりますわな。

山川　なるほどね。「八百屋」では商人になりきって、「上田村」では多少匂わせて、「心中場」でははっきり侍、という段取りを踏むわけですね。姑のイビリに堪えていますね。

玉男　そうそう。この半兵衛と『曾根崎』の徳兵衛とは全然ちがったものですわ。かしらもちがいますわ。半兵衛は眉毛が動く、目もつむる源太。徳兵衛は単純なほうの眉毛も目も動きがないほう。やっぱり侍を匂わす時に動きがいります。源太は源太やけど「動きの源太」。すこし老けた感じが出ます。

山川　侍と商人の使い分けは？

玉男　ものの言い方などで、首のキメ方、「上田村」の親父の平右衛門に姑のことでけなされて自分が腹を切ろうとする時、侍がかったとこを見せるのと、「灰になっても、帰るな」でかど火を焚《た》かれて、がっとキマって、その灰を眺めながらずっと平右衛門を見ながら幕になるところ、お千代と顔を見合わせて、そういうところは、侍のようで、キッパリとやるわけです。

山川　商人らしさというのは、どうするんですか。軽く使うんですか。

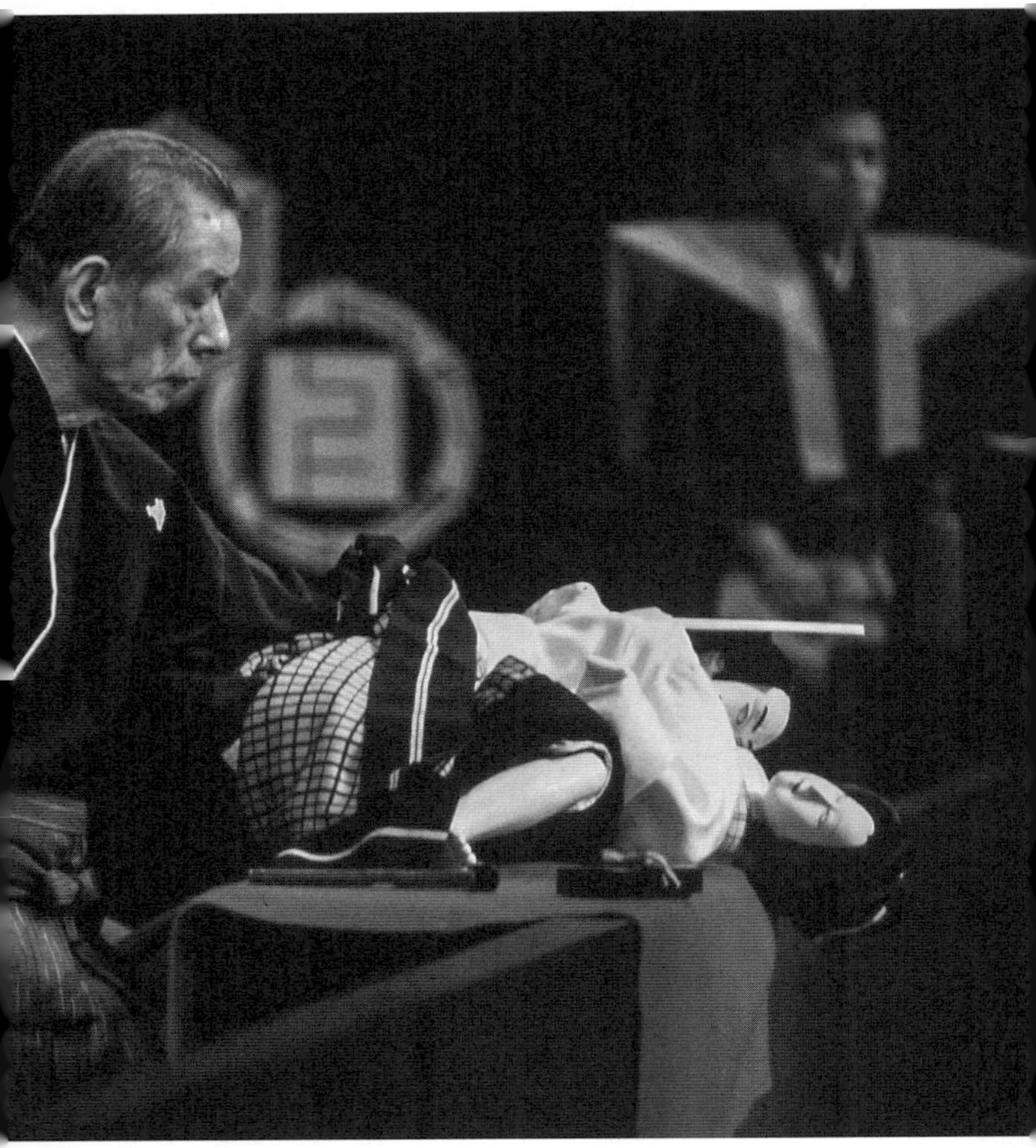

「道行思ひの短夜」　お千代（簑助）

玉男　ウーン。軽く使うというより、「八百屋」では従順というか、姑に従順にしたがうから、頭が自然と低くなるし、ご機嫌を取っていかんならんから。嫁のことについて、逆らえない、だからどうしても自然に世話の商人になってしまいますわ。

武士というものは、常に体面を重んじる。目の前に、あきらかな嫁イビリをする姑がいても、いったん妻を離縁してまで、かたくなに、一家の見栄《みえ》というものの立場をつらぬこうとするのだから、無理がある。当然、妻に対しては愛情があり、そのままにはしておけない。とどのつまりは夫婦が心中して、義理と人情を両立させるしかないのだ。

実説にもいろいろあるが、半兵衛の妻の離縁の原因として、舅《しゅうと》がお千代に横恋慕したために、嫁の苦境を察した姑がヒマを出したともいわれており、イジメをする姑の立場も考えてみると面白い。

■　■　■

心中宵庚申（しんじゅうよいごうしん）

享保七年（一七二二）四月大坂竹本座初演。近松門左衛門作。八百屋半兵衛・お千代夫婦の心中事件を脚色。新靭の八百屋の養子半兵衛は、養母が千代を気に入らないことに心を痛めていた。旅の帰り道、半兵衛が千代の実家を訪れると、身重の千代が姑去りにされ、実家に戻されていた。千代とは死んでも別れぬと舅平右衛門に誓った半兵衛であったが、養母を悪者にもできず、夫婦揃って家を抜け出して心中を遂げる。

松王丸と菅丞相

【菅原伝授手習鑑】

松王丸

「ヤレお待ちなされ暫く」

「寺子屋の段」で、玉男の松王丸《まつおうまる》が、文七のかしら、黒地に雪持《ゆきもち》の松の衣裳で、駕籠《かご》のむこうに立ちあがると、舞台がぐーんと引き締まる。

「駕籠より出づるも刀を杖」

で、春藤玄蕃《げんば》の下手隣りにゆっくりと歩み寄り、おこずく（つまずく）のがきっかけ、「テン」と三味線が入って、刀を杖にして踏みとどまる。

松王丸　「寺子屋の段」

玉男は考える。

玉男　昔から、駕籠から出たら「駕籠より出づるも刀をつーえ」で三味線のテンが入る。松王丸は刀を左の手に持ち、現れ出て、つまずいて「刀をつーえ」でテン。そのテンに合わせて右の手を添え、刀を杖として突いた。僕はちょっとおかしいと思った。つくり病いの病人やからはじめから刀を杖代わりにしていてエエわけで。駕籠から出てきた時から右手で刀を杖にしておいて、テンで立ち止まって左手を添える。どっちが正しいのかは知らんけど。

昔からの「型」として残っているものも、ただ追随して演じるのではなく、それが理に適っているか、まず考えてみるのが玉男だ。

松王のかしらには「百日」という鬘《かつら》がのっていて、紫の病い鉢巻きに、白い力紙《ちからがみ》（熨斗《のし》のようなもの）をつけている。

首実検のくだりになると、昔は、その力紙を取ったり、鉢巻きをはずしたりした人形遣いもあったようだ。

「奥には『ばったり』首討つ音」で、大きな掛け声と同時にツケが打たれると、松王は思わず刀を落とし、くずれるように座り、あわてて刀をひろって左肩にもたせかけ、苦悩を隠すため右手のこぶしで自分の額をトントンとたたく。

源蔵が首桶を松王の下手に置いて、「是非に及ばず。菅秀才の御首討ち奉る」と言うと、松王は、額を打つのをやめてギクッと顔を上げ、せっかち気味に下手へむき直って首桶に両手をかける。源蔵がその手を払う。松王はトントンと上手斜めに体をひらき、両手を大きくひろげて膝をつく。

まことに緊迫した場面で、松王の目の遣《つか》い方が重要だ。

玉男　刀を派手に落とす人もあるんだけど、僕はボソッと落とす。顔をうつむけて額をこぶしで押さえる。「いはゞ大切ない御首。性根をすゑて松王丸、しつかりと検分せよ」で、また刀を持つ人もいるけど、僕はもうそんなことはせずに、両手でバッと構える。「ためつ」で左の玄蕃のほうに寄り目を引く、「すがめつ」右に源蔵を見て、二人の様子をうかがって。自分はにせ首だとわかっているけど、「紛ひなし」と今にも切りつけそうな源蔵に先に言う。そのあと「相違なし」と玄蕃に言う。

松王丸　「寺子屋の段」

この首実検の人形がとっても重いんですよ。かしらも重いしね。いっぺんコマーシャル用に撮影されて、左手の指が動かんようになって、次の旅でチョイ（人形にうなずきをさせる胴串の中の引き手）が引けず、くくって遣うたことがある。玄蕃を玉女《たまめ》（現二世玉男）に遣わして、玉女に注意する台詞《せりふ》つきのコマーシャル。朝日新聞のかな。なんべんも同じことさせられるやろ。かなわん。

松王の二度目の出《で》は、顔を頭布で包んでいる。「尋ぬるうちに、門口より」で頭布を解いて「梅は飛び桜は枯るゝ世の中に、なにとて松のつれなかるらん」と松王が入る。「につこりと笑ふて」では、思わず声をつまらせ「ム、ハ、ム、、、ハ、、、」と、手にした扇でむこうを差し、ほんのちょっとの間のあと、身体を斜めにそむけてから、扇をひらいて顔を隠す。歌舞伎では、「源蔵殿、ごめん下され」で大泣きする松王だが、人形は、うつろな笑いから涙まじりとなって、扇を落とす。

山川　〝大落《おおおと》し〟といって、男役が悲しみの頂点で号泣するところ、ここはあまり動いてはいけないのか、そうでもないのか、どうなんでしょうね？

玉男　それはものによるけどね。ここの大落しは、桜丸のことを嘆いて「さすが同腹同性を忘れ兼たる悲歎の涙」という程度。ここは大落しというほどの大落しではないね。

山川　ここからは、あっという間に、〝いろは送り〟（「寺子屋」の最後の焼香の場面）になってしまうんですね。いろは送りは調子が上がって気持ちよく、いいもんなんでしょうね。

玉男　エエ。いろは送りは歌舞伎にくらべて、ちょっと実がある。

山川　紋十郎さんの千代はよく踊ったと。

玉男　そうそう。ダンスという人もある。あんまりトントン、トントンと調子ようやるとな。あまり調子よく動くとダンスに見える。ましてや松王はね。松王は音に合わすところは「散りぬる命、ぜひもなや」の間だけ。僕らが千代を使うた時はあんまり踏まさなかった。松王ははっきり踏ました。女形《おんながた》があんまりはっきりとトントンと踏むのは間違いだんね。なんでも踏んだらいいと、やる人もいるけど、千代は松王に寄り添っていくだけやから。はじめのキメだけは踏んだら、そのあとは女形はあまり踏まさんようにしないとね。

山川　三和《みつわ》会系はだいたい派手で、踏むんですが。簑助《みのすけ》さんはどうかな。

玉男　僕は千代も遣うています。四国で代役でも。本舞台でもやっています。「寺子屋」の松王は、いちばん最初の首実検の人形が重たくて、次は覆面で、白になったらもうひとつ軽くなるから。だんだん筍《たけのこ》で軽くなります。かしらは二番です。百日、五十日の。

ここからは玉男のなつかしい思い出話だ。

玉男　昔、初世の栄三《えいざ》さんなんか、菅丞相《かんしょうじょう》と松王丸と二つ遣うたはったわ。あれで六十代の頃やろね。僕が入って翌々年やったかな。太夫も三人で交替してた。二段目の「道明寺《どうみょうじ》」、三段目の「桜丸切腹」、四段目の「寺子屋」でしょ、これを山城少掾《やましろのしょうじょう》（古靭太夫《こうつぼたゆう》）と土佐太夫（注1）と津太夫（注2）の三人交替でやった。三つの別れ（切）をね。二段目はやっぱり持ち場の山城さんがよかったけどね。三段目は土佐太夫がいちばんよかったね。四段目「寺子屋」は聞き慣れている津太夫ね。「車場（車引）」はこれまたサービスやね、津太夫が松王、古靭太夫が梅王で、美声の土佐太夫が桜丸や。で、大隅太夫が時平やってて、のちの綱太夫とのちの若太夫が杉王丸を交替や。

山川　ぜいたくなものですが、いつのことです?

玉男　昭和十年一月の四ツ橋《よつばし》文楽座、番付まだ持ってますわ。ラジオ放送はあってもまだ録音はできない時分ですわ。ラジオ放送すると人形でも放送料はくれる。人形はラジオ、関係ないでしょ。けど、足拍子、ツケ入りの場合もあるからか、なんかしらんけどね。口《こう》上言《じょう》う兵次《ひょうじ》さんなんか声出すからちょっと余計にもらうわな。「今日は玉子三つ吸って元手入れてきたんや」と言うたりしてた。

山川　口上の兵次さんはいつ頃からやってたんですか?

玉男　僕が入った時はもうやってたな。あの人の兄がうまかったらしいね。兵次さんももう古いでしょ。ぼんやり言うよってに「タケモトーッ」が「イケモトーッ」聞こえてな。

私にも「寺子屋」ではいろいろと思い出があるが、昭和五十二年九月九日に、東京の国立劇場で「寺子屋」の天地会があり、楽しかったのが忘れられない。

当日の私の日記。

太夫が、人形遣いに「ようそれで普段床《ゆか》がつとまるもんやなァ」と叱られながら、懸命に人形の遣い方を教わっている。今日は「寺子屋」の天地会。

菅丞相　「道明寺の段」

座談会の司会(私)は、四世津太夫がメモを作っておいてくれたので助かった。四世越路(注3)が新義座のあと嫌気がさして、東京の日本橋でトンカツ屋をひらいた話。津太夫が七世寛治(義父)から「計画せず、自然に語れ」と言われたこと。九世吉兵衛の若い頃に禿げ頭を隠すカツラのことや、「胸で弾け」という教えが七十歳を越した今頃やっとわかってきたこと。四世重造が、口上の兵次に「藤蔵」と言われて文句を言うと、兵次が「ジュウ(十)もトウ(十)も同じことや」。二世勘十郎(注4)は「平作みたいな人形が、かえって重い」。初世玉男「いろいろある人形の性根をつかんで、ハラで遣うのンが難しい」。いい話が出た。

天地会は、みんながひとつになって楽しんだ。玉男や四世亀松のたまらん語り。八世嶋太夫の人形(戸浪)や、五世呂太夫(いろは送りの三味線)のうまさ! 津太夫の松王丸はフラフラ。五世織太夫(注5)のさっぱりした鳴らぬ三味線。越路の大真面目な三味線。吉兵衛の松王の浄瑠璃のうまさ。

みんな太夫は一様に、「えらい腕力やなあ」と、人形遣いを見直した。力持ちの咲太夫でさえ、自分の身体は動いても、人形は動かぬのだ。

津太夫の松王と、越路太夫の千代が、身体を寄せ合った時、胸が熱くなった。

人形遣いは、いつも黙って人形を遣っている。「しんどい」とか「えらい」は、ほとんど口に出さない。しかし、文楽人形を素人が持ってみれば、いかに人形遣いが忍耐強く、かいな力がものすごいか、思い知らされる。しかも、地位が上がり、名が売れても、その労力はいっこうに軽減されない。そのことひとつだけをとっても感動する。

菅丞相

文楽や歌舞伎で「別れ」とか「愁嘆場《しゅうたんば》」となると、派手に泣くことが多いのだが、この「丞相名残り」は、悲しみが内に籠《こも》って、にじんでいるような感じがする。

菅丞相のこの場面では、泣いてはいけないと玉男は言う。伯母の覚寿に悲しい思いをけっしてさせてはならないと、心の中で言いきかせているのだ。だから涙は見せない娘との別れ、という難しい状況を人形遣いは演じなければならない。だから感情を押え気味の演技になる。

木彫の菅丞相と、現実の菅丞相の演じ分けはどうか。

菅丞相　「天拝山の段」

玉男がこの役の足遣いをやらされた時分は、木彫の菅丞相が歩く時、先輩から「足を動かしたらいかん」とやかましく言われたようだ。だから欄干《らんかん》を下りる時もステップを踏めなかったのである。つまり、現実の菅丞相とはちがう歩き方にして見せた。

玉男も最初に菅丞相を遣った時は、従来通り、足遣いに歩かせなかったが、二度目からはこれを改めた。

これは、足を動かさない菅丞相は、すぐ木彫のほうだとわかってしまうことを防ぐ意味で重要だ。衣裳は、木彫のほうが白、現実のほうが紫と、工夫しているが、観客は二種類の菅丞相を一度に見ることはないわけで、歩き方を同じにして、あとから衣裳のちがいに気づかせるほうが面白いと、玉男は判断した。それに、何か乗物にでものっているかのように足を動かさず移動するというのが、主遣《おも》いとして気色悪かったとか。

玉男の丞相は気品に満ちている。

「今鳴いたは確かに鶏、あの声は子鳥の音、子鳥が鳴けば親鳥も……」

あたりに十分の注意を払いつつ、悲しみの情をそれと悟られぬよう、覚寿と目線を合わせるのを極力さける。時折、袖でさえぎり表情を隠すしぐさを見せるが、動きは終始静かである。

「身は荒磯の、島守りと」

など、ぬれぎぬを着せられた無念さに、本来なら感情が最高にたかぶるところだが、玉男はゆったりとした中で、一瞬ギクッと首を少し動かすだけで、袖を生かした演技で耐え忍ぶ。つい動きたくなるところで動かずに内面を大切にするのが〝玉男流〟なのだ。

■　■　■

菅原伝授手習鑑（すがわらでんじゅてならいかがみ）

延享三年（一七四六）八月大坂竹本座初演。竹田出雲・並木千柳・三好松洛・竹田小出雲作。菅丞相（菅原道真）の天神伝説と丞相のために働いた三つ子の兄弟梅王丸・松王丸・桜丸の悲劇を描く。丞相は失脚の原因とされた養子苅屋姫との別れを惜しむが、失脚は政敵の藤原時平の讒言《ざんげん》によるものだったとその真相を知って、天神となる。丞相の恩をうけながら時平に仕える松王丸は、若君菅秀才を助けるために女房と言い合わせて我が子の小太郎を身替わりにする。

注1　**七世竹本土佐太夫**（たけもと・とさたゆう　一八九八〜一九六八）美声の素人太夫としての活躍を認められ、六世竹本土佐太夫門下。のちに四世竹本伊達太夫を襲名し、豊竹山城少掾門下。戦後三和会から因会へ移籍。華やかで明るい艶物語りとして晩年まで活躍した。

注2　**三世竹本津太夫**（たけもと・つだゆう　一八六九〜一九四一）二世竹本津太夫門下。悪声ながら豪快な語り口

で時代物や卑近な世話物にも味のある語りを聞かせた。弟弟子の二世豊竹古靭太夫をおさえて紋下に就任、戦前から戦中にかけて活躍。

注3　**四世豊竹越路太夫（つばめ太夫）**（とよたけ・こしじだゆう　一九一三〜二〇〇二）　豊竹山城少掾門下。一時退座したが、三世豊竹つばめ太夫として復帰、山城系以外も吸収し、二世野澤喜左衛門の薫陶を得て成長。戦後は三和会。四世竹本津太夫とともに文楽太夫部を牽引。平成元年五月引退。人間国宝。

注4　**二世桐竹勘十郎**（きりたけ・かんじゅうろう　一九二〇〜八六）　二世桐竹紋十郎門下。三和会で紋十郎相手の立役をつとめ実力をつけた。文楽協会後は豪快で輪郭の大きい立役を遣い玉男と好敵手となった。玉男とともに小割委員をつとめた。人間国宝。

注5　**五世竹本織太夫**（たけもと・おりたゆう　一九三二〜二〇一五）

八世竹本綱太夫門下。父は三味線の初世鶴澤藤蔵、祖父は七世竹本源太夫。九世綱太夫を襲名し、子息の現二世藤蔵とともに古典、新作に積極的に取り組んだ。平成二十三年八世源太夫襲名。平成二十七年没。

権太と知盛【義経千本桜】

権太

文楽の「すしやの段」で、未《いま》だに語り草になっている芸談がある。

明治初期、三世長門太夫（注1）の浄瑠璃、名人豊澤団平（注2）の三味線、そして初世玉造（注3）のいがみの権太《ごんた》で「すしや」を出した時のことである。

「〽最前置きし銀の鮓桶、『これ忘れては』、と提げて後を慕うて追うて行く……」のくだり、歌舞伎では、権太が花道の七三で鮓桶《すしおけ》を小脇に抱えて大見得《おおみえ》を切るところだ。

長門太夫は「後を慕うて」の「て」を、ハラいっぱいの声で突っぱる。と同時に団平が、割れ鐘のような掛け声とともに「オー、テン」と撥《ばち》を入れる。そして、玉造が右足を力強く踏み出す。と、そのとたん、玉造が巻いていた頑丈な腹帯がぷっつりと二つに切れてしまった。

これは、三者の気迫がいかにすさまじかったかを如実に物語るもので、太夫・三味線・人形の芸と気合いが、まさに三位一体となって結実した証拠と言えよう。

その初世玉造は、息子の初世吉田玉助（注4）と区別するところから「親玉ハン」とも、また、「大宝寺町《だいほうじまち》」とも呼ばれた大名人だった。文楽の人形遣いに「玉」の字のつく人がたくさんいるが、その系譜をたどると、必ず初世玉造に帰着する。そして、まぎれもなく玉男もその一人なのである。

玉男が権太役を手がけたのは、かなり人形遣いとしての年月を経てからのことである。というのは、荒物遣いが、戦後は、だいたい三世吉田玉助の持ち役になっていたし、文楽協会（注5）になってからも、二世勘十郎とか四世亀松が遣《つか》うことが多かったからである。本来、玉男は二枚目だから仕方ない。だから『義経千本桜《よしつねせんぼんざくら》』では知盛《とももり》と維盛《これもり》が多かった。とはいっても、玉男はこの権太役が好きで、以前から遣ってみたかった役だったらしい。

初役は昭和四十年十月の京都祇園会館である。

文楽で専門用語に「端場《はば》」というのがある。これを『義経千本桜』に例をとって解説すると、通称「すしや」と言われている部分は三段目の切《きり》（後半の重要な部分）にあたり、その導入部が「端場」である。ところが「すしや」の場合は、その部分が道具（場面）も独立していて、かなり重視されるので、「立端場《たてはば》」といい、椎《しい》の木の下の茶店が舞台面なので、「椎の木の段」と場面の名前もちゃんとついている。

この「椎の木」の場面の概略を説明しよう。

平維盛の妻、若葉内侍《わかばのないし》は、幼い子供の六代君を連れ、主馬小金吾に供をさせて、大和街道の下市村にさしかかる。夫の維盛が高野山にいるという情報を得たからだ。

ここへ、土地のならず者〝いがみの権太〟が登場し、若君になれなれしく近づき、椎の実を落としてやったりしてから、わざと荷物を取り替え、その後、その〝取り違え〟をネタに、難くせをつける。だまされたとわかっているが、若葉内侍になだめられた小金吾は、権太に二十両の金を与えて穏便にことをすませる。

権太の女房小仙は、一部始終を見ていて、権太の無法をいさめ、子供の善太郎のためにも善道に立ちかえってくれるよう頼む。このあたりは、権太も多少は神妙だ。

さて、旅を急いだ内侍、六代君、小金吾の三人は、梶原の追手猪熊大之進に襲われて、

権太 「すしやの段」

小金吾は討ち死にし、内侍と六代はかろうじて逃れる。
これが、「すしや」の場に至るまでの三段目の前半になる。

通しで上演する場合は問題ないが、時間の関係で、いきなり「すしや」を上演することがある。これは作品に対して失礼であり、しかも「椎の木」がよくできているので、カットは残念でならない。

玉男の意見もまったく同じで、権太は「椎の木」から遣うと面白いですねと、よくわかっている。

玉男　権太は維盛遣うている時分から立役《たちやく》としたら遣いたい役やね。僕はだいたいなんでも、腹突かれて手負いになってから遣うのが好きなほうやね。〝モドリ（はじめは悪人と見えたが実は善人）〟になってからの権太な。それまでは、他の人が遣うている権太とそう変わらないけどね。引っ込みなんか「後を慕うて」て韋駄天《いだてん》で入るけれども、ここらは、前場の見せ場ではあるけどね（初世玉造の腹帯が切れたところだ）。最初は母にねだる、無心する振りと、まあ人並みに遣うてエエんやけど。

山川　そうすると玉男さんがいちばん発揮したいところは、悪人実は善人という〝モドリ〟

になっての愁嘆場《しゅうたんば》ですね。

玉男　これは僕の特殊な遣い方。僕、よく足を遣っててね、腹を切ってからの棒足《ぼうあし》（片足に力をこめて一本の棒のように直線にあがって、トンとかかとを下ろし、大きく踏み出したかたち）というのは、「心は鬼でも蛇心でも」というところで座ったままで棒足するんやけど、初世栄三《えいざ》さんに必ずグーと押さえられた覚えがある。「腹切っている人間が棒足して、こない大きな足して、腰上げへんねん、手すりにガッと出せ」と言われた。腹切っているという意識で遣えと言われた。しみじみと足遣いの時にいさめられたから、それを思い浮かべながらでね。

山川　体にしみ込んでね。腹切っているから足をそんなに強く棒足するもんじゃないと。

玉男　そんな勢いよく出すもんやないと。

山川　手負いの気持ちとか、物理的に、手負いにはできない動きはしてはいけない、と。

玉男　手負いになってからは、達者な人のようにはならんようにと、よう言われましたわな。

権太はさておき、玉男は、「すしや」の役の中では、弥助つまり維盛がよほど好きらしい。維盛という役は難しい役らしく、二世紋十郎の話によると、二枚目でいて単なる二枚目ではなく品位を保つのが難しいと言う。大きく派手に動くことが得意だった紋十郎だから、動かずにハラ芸をうまく遣うのが大変だったのかもしれない。しかし、ここは逆に玉男にとってみれば自家薬籠中の役で、弥左衛門、若葉内侍、お里、と相手によって微妙に変化させるのだから、やりがいがあると言えよう。

山川　維盛が好きだったというのは、どういうところですか。

玉男　長いこと遣うてますよってにな。子供の時、六代君を遣っている時分から。僕が入った頃、文五郎さんがお里でしたわ。それで維盛になってしもた。戦争から昭和二十一年に帰ってきて二十三年頃から維盛を遣ってます。維盛と相模五郎と。

山川　弥助から維盛に、正体をあらわす時のちがいのようなもの、ありますか。

玉男　それは「君の親御」いう弥左衛門のことばでパッと維盛にならんなあかん。そこのきっかけで変わる。「君の親御、小松の内府重盛公の御恩を請けたる某」、ここで維盛の姿勢に変わる。それまでは弥助でハイハイ言うている。

山川　維盛がお好きだったのは、その役に仕どころがあるから、面白かったんですか。

玉男　やっていくのにね、維盛の役そのものが、役の性根が深いからね。こういう役、わりに好きでしたね。

山川　役の性根が深い、か。

玉男「昔はいかなる者なるぞ」のお公家さんというのは、こういう足かと、毎日研究しもってやるんですわな。そういう振りをする後先の連なりがむつかしい、いうことやね。その決まりの姿はまあこれでエエとして、その後先が、タイミングとかがむつかしい。そしてお里が出てきたら、一応弥助に戻っているような、けど、前の弥助とはちがって、お里に対してはちょっと冷たいような感じがあったりして。で、物思いにふけっているところに若葉内侍が出てくる。内侍が維盛とわかってからは、またずっと公家らしくいきますよってね。

山川　それから、人形遣いが声を出す、ということがありますね。『仮名手本忠臣蔵』で師直《もろなお》が「ハエワー」（早いわなー）とか。今は言わないですよね？

玉男　今も言うているらしいでっせ。この頃、人形遣いが言うておるね。僕ら足遣うている時分は、足遣いに言わせよる。「ハヤイワー」とか言ったことある。こないだも、やっとったらしい。

山川　それは人によって、言う時と言わない時があるものなんですか。

玉男　そうやね。人によって。昔、僕が子供の時分、足持っている時分はほとんどの人が言うていましたな。

山川　『千本桜』の権太の場合は、たとえば玉男さんは、女房小仙と息子善太郎を連れて出る首実検の時に言うんですか。

玉男　梶原が出てきて「コリヤ権太」とか言ったら「なんじゃい」、それは人形遣いが言うとった。玉助さんが言うてたことあるけど。「そんなん言いなはんな、止めときなはれ」と僕言うたことがある。

それから「毛谷村《けやむら》六助住家の段」でも、「お前にはアノ女房様がございますかえ」言うたら「なーし、なーし」と言うのもあったね。ほんとはそんな文句は義太夫にはないんですわ。「お前にはアノ女房様がございますかえ」と言ったらお園が「ほーう、安心した」と言うからね。人形は「なーし、なーし」と首を振るだけやったんでしょうがね。

山川　それは主遣《おも》いが言うのですか。

玉男　主遣いです。

山川　役によって、主遣いが言ったり、足が言ったり、いろいろだったんですか。

玉男　主遣いでやれる人はやるんやけどね、僕が遣うていた時は、玉市（注6）さんが主をやって、声が出えへん、ちょっとおかしい声でしたやろ、それで「ちょっと言うてくれ」となって。それで足が声出した。

熊谷の三段目、梶原が「義経熊谷心を合はせ敦盛を助けし段々」「鎌倉へ注進」言うて「ハーーァ」と言うたところで、弥陀六《みだろく》がアレ（手裏剣）を投げますやろ。それも弥陀六の玉市さんが声が出なくて、僕が左を遣うている時分に「玉男はん言うてや」ということで、僕がやってましたけどな。

山川　玉男さんは「すしや」の中で「失《う》しゃがれ」とか言いませんでした？

玉男　「失しゃがれ」とは、僕はあまり言ったことがない。きっかけをつけるために、お客さんには聞こえない程度、左と足遣いにわかるくらいに「ソーレ」は言いましたな。権太が女房とせがれの顔を見て、うれいを使い、梶原に気がついて「ソーレ」と二人を押し出すことはあったけどね。

山川　思わず声が出ちゃうというのは、ありますね。

玉男　そうそう。「ソーレ」と言ってむこうへやるのにな。自分は後ろをむいて手拭いで肩を拭いて、それはあるけど。「失しゃがれ」は、はじめ権太が入ってきて、弥助に言うのかな。そうそう、玉助さん、言うてた。僕は、やらなんだけどね。懐手《ふところで》して入ってきて、あっちへ行け、と追いやるんで、そして開けられた表の戸を足で閉める。で、手を入れて、うじうじと無心にかかる。

銀平、実は知盛

山川　では、二段目の「渡海屋《とかいや》・大物浦《だいもつのうら》の段」の渡海屋銀平、実は知盛についてうかがいます。

玉男　最初に遣うたのはNHKでね。文五郎さんがおる時分、「芸術の窓」という番組を四天王寺会館でやった。昭和三十五年（一九六〇）。僕は四十一歳。綱太夫《つなたゆう》・弥七《やしち》で、いわゆる〝幽霊物語〟のくだりだけ。「渡海屋」で鎧《よろい》着て「平の知盛幽霊なりー」言うて出てくるとこ。引っ込みまでで終わりました。この時分にその年にカラーテレビの実験で忠信も遣うてます、『千本桜』の「道行《みちゆき》」だけ。因会《ちなみ》だけでやっている時やな、まだ。清六《せいろく》さんが亡くなった年かな。
　通しでずっとやったのが、昭和四十五年五月。それからちょうど十年たってから。

知盛　「渡海屋の段」

山川　この時は大変うれしかった？

玉男　うれしかったね。その時は通しで、たしか紋十郎さんが典侍局《すけのつぼね》やった。

文楽の場合はね、銀平がイカリかついで帰ってくる。相模五郎・北条の家来だといつわってくるのやが、「庭なる碇をぐつとさしあげ～投げつくれば」とイカリを投げつける文句がある。イカリは昔からボール紙でつくってあるんやけど、「投げつくれば」と投げつけたら毎日のようにイカリが壊れる。今でこそ衣裳係が三人も、小道具さんも専門の方がいらっしゃるが、昔は小道具係も口上《こうじょう》言いも衣裳方もみな人形遣いの仕事でした。簑助《みのすけ》君のおとうさんも衣裳方をやっていたことがあって、松竹へ行って人形の衣裳を決めてきた。床山《とこやま》も人形遣いの玉米という人が専門にやっていた。

で、その小道具係のマンさんが、イカリが壊れるのが嫌で、黒衣《くろご》になって自分でツーと運んでいってた。この時は僕は黙っていたけど、後日「微塵になさんと投げつくれば」と言うのを「振り上ぐれば」に変えてくれと太夫さんに注文した。相模五郎は本当は自分の家来なんだから、脅すだけでもかめへん（かまわない）からね。これならイカリも壊れへんし（笑）。で、この頃はこうなっている。

山川　あとは愁嘆場ですか。

玉男　愁嘆場はな、この間はまた人形が重たい。

山川　いちばん重たいですか。

玉男　重たいように思うね。紙の鎧やけど太刀《たち》吊ったままやろ。で薙刀《なぎなた》持っているし。この役は足も遣うてへんのかな、子供の時は（戦争前）明治座で安徳天皇遣うててね。

山川　明治座でも文楽やっていたんですね？

玉男　ええ。僕がいちばん最初に東京へ行った時は東劇です。で二回やって、歌舞伎座、明治座とやってます。歌舞伎座でやって、いったん静岡へ行ってまた戻って、返り初日を明治座でやったこともある。戦前、昭和十五年より以前のこと。兵役は三年二ヵ月行ってたしね。あんたが生まれた年の昭和八年入門や。

昭和二十四年頃に有楽座で維盛やっている。この時はじめて通しを見ている。昔、安徳天皇を遣って以来や。この時、佐藤忠信（本忠信）と維盛と相模五郎を遣うている。

相模五郎が入って〝幽霊物語〟があって、この時亀松さんが知盛を遣っていた。文五郎さんが「亀松はなあ、あいつは足遣いや左遣いにヤイヤイ言うさかい。自分が間違っても足や左のせいにしてイジル（責任にする、せいにする）、お前、足を遣ってやって」と幽霊物語のところを僕が頼まれた。薙刀を船底で持ってだいぶん活躍しますしな。「玉市に左、遣っ

知盛　「大物浦の段」

てもらうよってに」と。まあな、さすが文五郎さんの命令やから。僕は、相模五郎役から、黒衣に着替えてすぐ足や。その時分に知盛を覚えたということや。
それでその十一年後の三十五年にはじめて知盛を遣うたわけや。
足を遣うていたから段取りはわかっていたけれど、玉市さんに「ちょっと急所を教えてくれ」と指導を請うたことがあるね。玉市さんが「形式として、かつて文五郎さんが遣うていたから文五郎さんのところへ聞きに行け、いっぺん聞いておいたほうがエエ」と。それで僕は文五郎さんの家にテープを持っていって教えてもろた。薙刀の代わりに長い箒《ほうき》を持って練習した。薙刀の刃を内側にむけるように持って、天皇に刃をむけたらあかんと。けどそれでは恰好にならんのですわ。見場が悪い。
山川　自分の首、切れてしまいますからね。
玉男　そうそう。まあその時は文五郎さんの言われたままにしな、しょうがないからそのままやったけれども、ところが自分で十年後に遣う昭和四十五年には、もう文五郎さんは亡くなっていたから、僕は刃を外側にむけて一応キメておいて、帝に気づいて刃を返して内側にした。
山川　最後のところは、知盛ひとりが岩場に舟で近づく……。

玉男　下手に入って、小舟で出る。

山川　これ、いいところですよね、見ていても。これ以上の見せ場はないですよね。

玉男　ええ。独り舞台。ここはもうわりあい楽ですよって。ここでは人形衣裳はもう白の襅《ちはや》になってます。光秀みたいな。かしらはやせ型の文七に替わります。前のは検非違使《けんびし》やけど。検非違使ゆうかしらのほうが遣いにくいのんでね。きつう遣えんので。ここは手負いやから、舞台下駄もちょっと低いのも使う。亀松さんがやっていた時も、ここは僕が左をやっていた。

山川　ここはそんな問題になるところじゃないですね。

玉男　そうですね、まあ、臨機応変にやれるところです。

■　■　■

義経千本桜（よしつねせんぼんざくら）

延享四年（一七四七）十一月大坂竹本座。作者は竹田出雲・三好松洛・並木千柳。源義経の都落ちと平家の残党の探索を題材にした物語。船長銀平（実は知盛）は義経を大物浦で待ちうけ一族の恨みを晴らそうとするが、一族の悪業を身にうけ一人大物浦に沈む。大和下市村のすしやの息子権太は「いがみ」と呼ばれるはぐれ者。維盛の奥方一行をたかりにかけた時に善心が芽生え、親がかくまう維盛を助けるために鎌倉方をあざむく大博打を打つのだが。

注1　**三世竹本長門太夫**（たけもと・ながとだゆう　一八〇〇～六四）　幕末の東西で活躍し、古典の伝承と新作上演にも関わった。二世豊澤団平を相三味線に迎え、また門弟から明治の文楽の大立物を輩出したことからも、浄瑠璃集大成の中興の祖と呼ばれる。

注2　**二世豊澤団平**（とよざわ・だんぺい　一八二八～九八）　若くして三世竹本長門太夫に抜擢され、歴代の文楽紋下を弾き、三味線初の紋下に就任。のちに彦六座に入座、三世竹本大隅太夫など、後進を指導した。妻の加古千賀の作・団平作曲の作品が現行曲として伝承されている。

注3　**初世吉田玉造**（よしだ・たまぞう　一八二八～一九〇五）　幕末から立役、女形を兼ねる。歌舞伎俳優との交流から早変わりや宙乗りの技法を導入するなどの工夫もし、太夫三味線に限られていた紋下に人形部の代表として加わったほどの実力者で、「親玉」と呼ばれた。

注4）**初世吉田玉助**（よしだ・たますけ　一八五三～八六）　初世吉田玉造の子息。父をしのぐ才能を認められ、将来を嘱望されていたが、父に先立ち亡くなった。『冥途の飛脚』の亀屋忠兵衛の羽織落としのくだりが当たり役。

注5　**公益財団法人 文楽協会**（一九六三～）　伝承者の育成、技芸員の生活の安定、公演形態の安定、資料の収集、学校教育利用、海外派遣、新会館の建設を目標として、国・大阪府・日本放送協会・財界などの助成金により運営される財団で、昭和三十八年に設立。

注6　**二世吉田玉市**（よしだ・たまいち　一八九四～一九六五）　淡路の人形座から三世吉田玉造に入門。のちに四世吉田玉造門下。滋味あふれる枯淡な芸が評価された。初世吉田栄三や吉田玉次郎（昭和十七年没）からの教えをうけ故実に詳しく、人形頭取として尽力した。

由良助

【仮名手本忠臣蔵】

玉男が、本興行ではじめて通しで由良助《ゆらのすけ》を遣《つか》ったのは、昭和四十二年十二月の国立劇場、玉男が四十八歳の時だった。

それまでに、「四段目」の由良助だけ代役をつとめたことが一度ある。NHKのスタジオでの文楽『仮名手本忠臣蔵《かなでほんちゅうしんぐら》』を録画した折、三世玉助が本役だったが、すでに亡くなる直前で、病休のため、玉男ははじめて「塩谷判官《えんやはんがん》切腹の段」から「城明渡しの段」まで遣った。

立役《たちやく》トップの玉助が休んだ場合、やはり立役トップクラスの二世玉市が演じるのが順当なのに、

「わしは左を遣うよってに、君がやってくれ」

と言う。

普段、玉助の左は玉男がつとめていて、由良助の動きはわかっているから、難なく代役をこなしたが、由良助の左を、先輩の玉市がつとめたのには恐縮した。考えてみると、玉市は、どちらかといえば地味で、由良助のような役柄の芸風ではなかった。だから、自分が左を遣ってまで玉男を由良助にさせたのだろう。

玉市という人は、「毛谷村《けやむら》」の六助、「弁慶上使」の弁慶、「尼ケ崎」の光秀など、いい立役をかなり玉男に代役させ、自分は地位が上なのに、玉男の左遣いにまわるという妙な癖があった。単に謙虚というだけでなく、自分の役どころを賢明に自覚していて、やみくもに主役を望むよりは、陰にまわって支えているほうが、本人も楽だったのだろう。自分は玉男の左にまわって、常に、「玉男、ああせえや」「こうせいや」と、指図をしてくれたのだった。

昭和三十年頃に、山中温泉で素人浄瑠璃で人形を出す『忠臣蔵』に付き合わされた。この時、玉男は三十代。二世玉市が平右衛門、二世玉五郎（注1）がおかるだ。素人さんは、ホンモノの文楽人形遣いを動かして語るのだから大熱演で、それはそれでいい舞台をつくり出したのだが、最後の最後でトチった。由良助が、おかるの手にした刀を持ちそえて、縁の下にひそむ九太夫を、畳の上から刺し通すところがある。

「夫勘平連判には加へしかど、敵一人も討ち取らず、未来で主君に言訳あるまじ。その言訳はコリヤここにと、ぐつと突込む畳の隙間。下には九太夫、肩先縫はれて七転八倒……」

のくだりだ。ここで素人の太夫さん「ぐつと突込む畳の隙間」と言ったきり、どうしたわけか、その後絶句してしまった。さあ大変。そこで由良助役の玉男、すかさずその後を、太夫に負けぬ名調子で、人形を遣いながら、

「下には九太夫、肩先縫はれて七転八倒」

と、思わず語ってしまい、後は、吹き出してしまったと言う。

そんななつかしい思い出のある由良助だが、玉男は初世栄三《えいざ》の足や、吉田玉助の左を遣っていたから、ずっと後に自分の持ち役になった時も、おそらく落ちついて遣えたと推察する。若い時に覚えたことは、いつまでも忘れないものなのだ。

玉男は、由良助の話のついでに、芸の継承について面白いことを言った。

初世栄三の先輩である三世玉蔵（注2）は名人であったが、栄三がその玉蔵の芸をそっくりは踏襲しなかった。栄三の真似たのは玉蔵でなく、その玉蔵の、もう一つ前の名人吉

四段目　「城明渡しの段」

田多為蔵であった。つまり隔世遺伝とでも言うのか。

玉男の目の前の先輩は三世玉助だった。しかし玉男はそのもうひとつ前の初世栄三の芸を真似た。すぐ前の先輩の芸を真似ると、おそらく、変わりばえがしないとみなされて損だという感覚があったのだろう。芸術家はすべからく自分以前の作品と価値観を変えたがる。玉男もそうなのだろうか。この意識があったのか、初世吉田栄三の芸を、ひとつの目標として定めたのである。

七段目の由良助は、なかなか厄介な役で、由良助の「正体」と「酔体」をほどよく混在させせなければならない。玉男が、三世玉助の病休で由良助を遣わなければならなかった時、四段目の「判官切腹」と「城明渡し」は引き受けたが、七段目の「祇園一力茶屋の段」だけは「かんべんしてほしい」と断ったと言う。その理由は、もっと世の中に遊び馴れるというか、年をとり経験を積んだうえでないと、自然の動きで由良助に映るように遣うことはできないと思ったからだった。

「四段目とか九段目には、ひとつの型があるが、一方、七段目は、その雰囲気や太夫の語り方によって、自在に動かんならん。つくってもつくれんのや」

玉男はこう言っている。

玉男がはじめて代役の由良助を遣ってから、三十五年の歳月が流れ、平成十二年秋、やはり東京国立劇場で、玉男が由良助を通して遣う『忠臣蔵』が上演された。玉男は、もはや押しも押されぬ〝由良助役者〟となった。

私がいちばん感心したのは、由良助が三人侍にたわむれかかる時だ。由良助の上体は宙をさまようようにふらりふらりと泳いでいるのに、足は前に出ず尻が後ろに引けている姿。これは、よっぱらい特有の動きで、ここまで人形にその動き方を伝えることができるのかと、玉男の芸（三人遣いの調整）に舌を巻いた。

七段目の役をいくたびか遣ううちに、玉男が工夫したものもある。

まず衣裳の着替えだが、それまで「足許もしどろもどろの浮拍子。テレックク〳〵ツッテンテン……」と由良助が酔体を見せて引っ込んだ後、二度目の出《で》で黒に着替えていた。これは、顔世《かおよ》からの手紙を読むため、黒紋付に衣服を改める、という気持ちなのだろうが、これは由良助の本性を見せてしまうことにほかならない。玉男は、これをやめて、最後の「ホウ兄弟共見上げた。疑ひ晴れた」の出ではじめて衣服を改め、それまでは紫紺で通すやり方にしたのである。

顔世からの手紙を読む礼儀としては、その直前にうがい手洗水で身を清めるのだし、そ

七段目 「祇園一力茶屋の段」 おかる（簑助）

れにまた、おかるを二階から降ろす時などでも、おかるの簪《かんざし》をひろって自分の髪にさしたり、悪ふざけの「船玉様が見える」というような、色っぽいからかい方をするのに、いかにも黒紋付では粋ではない。ここは紫紺の羽織の片肌ぬいだ恰好でないと映らない。それで玉男は自分のやり方にした。

そのほか、巻紙を読んだ後、筍《たけのこ》のように巻いてしまうのを防ぐ工夫をほどこしたり、「城明渡し」でも、提燈《ちょうちん》の鷹の羽の紋だけを切り取るところで、ほんとうに切り取るように見せかけるトリックもあり、〝アイディアマン玉男〟の面目躍如というところだろう。

由良助のかしらは「孔明」である。名前の由来は、中国の諸葛孔明《しょかつこうめい》からきていて、計画的な人物で、品がある。思慮深い賢者である。『菅原』の菅丞相《かんしょうじょう》にも使われる。同じ孔明でも四段目と七段目では髷《まげ》が少しちがう。四段目は「みよりの本多髷《ほんだ》」、七段目は、丸っこい髷がチョンとのっている「ツブ」である。あきらかにツブのほうがやわらかに見える。七段目は茶屋場らしい遊び着であり、四段目は裃《かみしも》姿であるから、そこを人形の髷も似合ったものに替えるという配慮なのだ。

孔明の顔の特長は、眉にある。語源はわからないが「べらぼう眉」といって、かすかに考え事をしているような表情をかもし出す。そして、目を静かに閉じる「ネムリ目」の仕掛けもほどこされている。

玉男　四段目は、もう一途に忠臣忠義を見せたらエエんやけど。七段目は「茶屋場」はいろいろと複雑やろ。むつかしいわな。まともなところもあるし、よたっているところもある。いつわっているところが多いからむつかしかった。だから僕はよく若い時分に、三世玉助さんの代わりをしたけど、四段目は代わるけど、七段目はよう代わらんから誰かにやってもらってくれて言うてね。代わってもらったことがある。

山川　研究熱心な玉男さんにしてそうですか。

玉男　テレビでの、あの提燈切るの（提燈の鷹の羽の紋を、実際は切り取らないのに、切り取る音だけさせる）、みな、面白がってたな。あの音はね。

山川　昔は提燈はそのまま畳んで、懐にしまっていたんですか。

玉男　懐やなしに、裃《かみしも》と背中のあいだ。そういうやり方もあったし。

山川　七段目には巻紙の工夫もありますね。

玉男　衣裳替えは、僕はずっと紫のままやる。羽織の片肌ぬいだ恰好でないと映らないから。そして、最後に黒に替える。

「茶屋場」は「べらぼう眉」で。目はネムリはあります。眉は動かない。髷がちがう。四段目は「みよりの本多髷」、七段目は「ツブ」、鬘《かつら》は四段目と七段目で替わらないけど、七段目では鬘の生え際が薄くなっている「ぼっとせい」を使っている。

山川　四段目の駆けつけ、なんですが……。花道を使う歌舞伎とちがって文楽の場合は短いですし。

玉男　短い。歌舞伎の場合は待ってくれているから十分にやれるけれど、ウチの場合は、一応は待ち合わせやけど、出てきてから、短い。

山川　『忠臣蔵』というのはずいぶん歌舞伎の影響を受けた演出になってますよね。何か歌舞伎を真似たくなるような。音楽も下座《げざ》を使ったり掛け合いをやったりと。

初世栄三さんの足が最初ですか。

玉男　栄三さん。栄三さんの型を僕はその通りやっています。ただ「はつたとにらめば」で懐剣を見て。栄三さんは「はつたとにらめば」で、手だけでやるけど、私はもう一度帛《ふく》紗《さ》から出して懐剣をこう眺めて、で、目をつぶって、「はつたとにらめば」とやります。栄三さんは懐剣を出さなかった。

山川　七段目は、下心、ハラを割らないということと、あんまり酔っぱらいすぎてもいけないということですね。

「九段目」の由良助は、さほど仕どころがない。玉男は、むしろお石のほうに思い出があるようだ。

玉男　お石は十四、五年ずっと僕の持ち役やったから。文五郎さんが戸無瀬《となせ》やっている時分からずっと。二世玉五郎さんの小浪、由良助は三世玉助さん。

お石も面白い役やね、女形でも。

山川　どういうところでしょうか。

玉男　ハラがあるし。お石が火箸で物を言う。「金閣寺拝見あらば」てとこ。で、物を言いながら火鉢の中にあるかたまりをポッとつかんで庭に捨てる。さりげなしに。手すりのむこうに捨てる。そしたらある時、僕のファンの芦屋のご婦人が「あなた、そんな庭を眺めて楽しむようなこともないかもしれんけど、雪景色を眺めて楽しむような人が、庭の中にポッとゴミを捨ててはいけませんよ」って。火鉢の隅へかためるのはいいけど、それを外へ放って、雪の庭に穴があくような、「そんな、いけません」て。それで、火鉢の中でやるだけにしましたけどね。

「野崎村」のお染をよう遣うていてね、またその人に言われたことがある。「ま丶も炊かうし織りつむぎ」て縫い物して糸を歯でパッと切るところがあるんですが、「船場のいとさんが歯で糸を切るなんて誰に教わったんですか」て。そんなことは『壺坂』のお里だけにしておきなさい、て。お染は針を髪の毛にもってくるくらいでやめておきなはれ、と。芦屋の奥さんで長いファンでね。公演で同じ外題を何回見にくるかわからんほどやった。四ツ橋《よつばし》の時代や。

『忠臣蔵』には、魅力のある男がいっぱいいる。さすが『忠臣蔵』、話題には事欠かぬ。悪役といえども、師直《もろなお》あたりは、歌舞伎では座頭格《ざがしら》の役であり、定九郎《さだくろう》は、色悪《いろあく》の華を満開にする。

山川　忠臣蔵の定九郎なんか、どうなんですか。

玉男　まあ、遣うている時分は面白かったよ。

定九郎でいっぺん出ていってね、パッと傘をひらいて見得《みえ》切りかかった時、何かの拍子でガッと足をくじいてね、ひっくり返りかけて右の舞台下駄もぬげてしまった。定九郎は舞台でパーッと棒足《ぼうあし》するんやけど、僕の足も棒足や（笑）。「オーイ、下駄持ってきたって」。その間、立ってられへん。自分の足も棒足で。ふつうは片足では立ってられへん。人形と一緒に手すりのところに足掛けて棒足したことあるな（笑）。

■ ■ ■

仮名手本忠臣蔵（かなでほんちゅうしんぐら）

寛延元年（一七四八）八月大坂竹本座初演。作者は竹田出雲・三好松洛・並木千柳。赤穂事件を脚色したさまざまな作品の集大成。時代設定は南北朝時代。塩谷判官は高師直を殿中で討とうとするが、加古川本蔵にはばまれ切腹に臨む。国家老大星由良助はその無念の思いを密かに受けとめる。仇討の志なかばに倒れる者、犠牲になる家族、敵方に寝返る者も出る。世をあざむき一力茶屋で放蕩を重ねる由良助。そんな中、由良助が本心を明かしたのは、命をかけて乗り込んできた息子力弥の許婚の父、本蔵にだった。

注1　**二世吉田玉五郎**（よしだ・たまごろう　一九一〇～九六）　二世桐竹紋十郎門下より三世吉田文五郎門下へ。二世吉田玉五郎を襲名。子役の名手として重用された。戦後は因会に所属。のちに女形の大役を次々につとめる。晩年は視力が低下し舞台出演の機会が減った。

注2　**三世吉田玉蔵**（よしだ・たまぞう　一八六〇～一九二六）　初名吉田玉松。初世吉田玉助門下。非文楽系の芝居

に出演、三世吉田玉造を襲名したが、二世の遺族からの申し出で玉蔵と改名した。立役・女形を遣う。品格を要求される役に定評があった。

久我之助

【妹背山婦女庭訓】

今でも、あの胸のときめきは忘れられない。

昭和三十八年二月二十日、財団法人（現公益財団法人）「文楽協会」の誕生記念興行が道頓堀の文楽座で幕を開けたのである。私が大阪中央放送局に勤務をはじめて、ようやく大阪という土壌になじみはじめた頃だから、余計、印象は鮮烈であった。

第一部が午前十一時からはじまって、その御祝儀の舞台は、当然、『三番叟《さんばそう》』だが、それも三業、つまり、太夫・三味線・人形三部門の幹部総出演による『寿五人三番叟』であった。それまで、不幸にも文楽は「因会《ちなみ》」と「三和会《みつわ》」に別れて興行をしていたが、もう今日からは文楽協会の技芸員として仲良く一緒にやれるのだ、といううれしさが、私の感情をいやがうえにも刺激するのだった。そして、文楽が重要無形文化財に指定されたのもこの時であった。

この舞台に居並んだ顔ぶれは、まことに錚々《そうそう》たるものだった。戦後の文楽が、戦前にくらべて見劣りがすると、年寄たちに言われつづけていたが、この顔ぶれを見ると、まだまだこの時期は層が厚かったと思わずにはいられない。

竹本津弥太夫・鶴澤寛弘　豊竹小松太夫・豊澤広若　豊竹若子太夫・竹澤団二郎
竹本伊達路太夫・竹澤団六　竹本織太夫・野澤錦糸　竹本大隅太夫・野澤吉三郎
竹本南部太夫・鶴澤徳太郎
（三番叟）豊竹つばめ太夫・野澤喜左衛門　（三番叟）竹本土佐太夫・鶴澤藤蔵
（翁）豊竹若太夫・野澤勝太　（千歳）竹本相生太夫・鶴澤重造
（翁）竹本綱太夫・竹澤弥七
竹本源太夫・鶴澤叶太郎　竹本津太夫・鶴澤寛治　竹本春子太夫・野澤松之輔
竹本文字太夫・鶴澤燕三　豊竹松島太夫・豊澤新二郎　豊竹十九太夫・野澤勝平
竹本綱子太夫・竹澤団作　竹本相子太夫・豊澤仙次郎　豊竹松香太夫・豊澤猿二郎
（人形役割）千歳　吉田玉市

翁	吉田玉助
三番叟	桐竹勘十郎
〃	桐竹亀松
〃	吉田玉男
〃	吉田栄三
女三番叟	桐竹紋十郎

三番叟の五人の中に、吉田玉男が名を連ねているということは、もはや押しも押されぬ人形部門の大看板と認められていたことにほかならない。

この『寿五人三番叟』の後、『妹背山婦女庭訓《いもせやまおんなていきん》』の「山の段」が上演され、床《ゆか》が四世津太夫の大判事と五世織太夫の久我之助《こがのすけ》、つばめ太夫（のちの四世越路太夫）の定高《さだか》、五世南部太夫（注1）の雛鳥で、玉男が久我之助を遣い、簑助《みのすけ》が雛鳥だった。

三十二歳ぐらいから久我之助は遣《つか》っているから、玉男の久我之助は自家薬籠中のものだ。

玉男　これは気持ちエエ役でんな。義太夫の文句もエエとこやからな。

山川　これ、義太夫の文句によって、自分がいい男になったり、ならなかったり、あるんでしょうね？

玉男　そうそう。ことに「山の段」はエエな。これだけで納得しますな。それまでの大序《だいじょ》からやったりするの、あんまり好きやないけど。

山川　「山の段」だけでもう十分ですね。

玉男　ふーん、やっぱり「〽この山奥にかくれ住み心のままに鶯の声は聞けども籠鳥の雲井を慕う身の上を思いやられよ雛鳥と、ままならぬ世を恨み泣き……」あの間まで。あの間が、いちばんよろしいな。それと、やっぱり大判事の立役《たちやく》の出《で》やね。あの、物々しいというか、おごそかに出てくるからね。エエ文句で。楽しゅうおまっせ。

久我之助のかしらは、動きのない「源太」である。人形自体にはなんの仕掛けもないから、床の太夫の浄瑠璃の語り方だけがたよりで、それにつれて、動いたり、顔の角度によって表情の変化を見せなければならない。だから、太夫の技量がかなりの比重を占める。

玉男が『妹背山』の「山の段」で強い好印象として今でも残っているのは、昭和三十三年の三月、道頓堀文楽座で上演された「因会」「三和会」合同公演の大舞台だ。背山側が、

「妹山背山の段」

「妹山背山の段」

若太夫（注2）の大判事、つばめ太夫（四世越路太夫）の久我之助。妹山側は、八世綱太夫の定高、雛鳥は七世土佐太夫。人形は、雛鳥が文五郎、定高が紋十郎だった。よだれが出そうな配役で、当時つばめ太夫の〝越路さん〟の久我之助がとても気持ちよかったとなつかしむ。おたがいに理を重んずる芸風だったからと推測できないこともない。

太夫の声を聞いて人形を動かす立場において、人形も文句を覚えているから、先走りして動かす人形遣いもあれば、やや後追いして動かす人もいる。その点を玉男に聞いてみた。

玉男　遅れてもいかんやろ。先んじてもいかんし。文句の拾い方がむつかしいんです。遣う人によって、なんでも先駆けて早い人がおるね。自分で浄瑠璃語ったほうが早いからね（笑）。人形遣いが自分で浄瑠璃語ると早い。その早いほうは玉助さん。なんでもちょっと早く遣うほうやったな。そら、ぴったりと合わなんだらいかんのやけど、その合わすところでも、どこで合わすかというとこ、それによって生きてきますねん。語るほうも生きるし、人形も生きてくるねん。生きてくるはず。それをつい人形遣いが自分のほうで語ると、節《ふし》なしで語ってしもうて。昔から早い人はおったよ。

意識が遅れまいとするんやろね。それと自分で納得して、ここはこうやろ、次はこうやろと、自分の、節なしで語ってしまうということやな。そうすると感情が入らなくなるね。そら、いかん。どこでその言葉をつかむか、言葉のポイントをどこでつかむかが大事やね。しょっちゅう合っているわけにはいかないわけやから、合わすところを、どこにするか、どこをつかむか、それは人形遣いの頭次第やな。

とにかく、この「山の段」は、いつやっても物々しい大舞台になるのが常だ。歌舞伎は「吉野川の場」として上演されているが、かなりの顔揃えがないと上演できない。

雛鳥の首が吉野川を渡って嫁入りする時、歌舞伎の大判事は、この首を受け取る時だけ、引き寄せる棒を弓に替える。武士の家に嫁がせる心意気でそうするのだろう。文楽では、刀の下げ緒に小柄《こづか》をくくりつけ輿《こし》にひっかけ、たぐり寄せる。また、幕切れでは首を布で包んでいるのに対して、文楽は生首をジカに見せる。そのほか、大判事と定高の出で、歌舞伎は、両花道を使い、大判事は桜の枝を腰に差し、定高は手に持って出るが、文楽は、登場した後、舞台左右の桜木から二人が桜の枝を折るのである。

こういう演出のちがいを確めながら、文楽と歌舞伎を楽しむのも面白い。

■
■
■

妹背山婦女庭訓（いもせやまおんなていきん）

明和八年（一七七一）一月大坂竹本座初演。近松半二・松田ばく・栄善平・近松東南・三好松洛作。蘇我入鹿を排除して新政をおこなった事件を題材とする。大判事の息子久我之助と太宰の娘雛鳥はたがいに不和な家の子女とは知らずに恋に落ちた。入鹿は久我之助には天皇の愛妾の居場所を糾明するために出仕を、雛鳥には后となるため入内せよとの命を下す。久我之助は主人や親への義理のため、愛する恋人の命を救うために切腹しようとする。

注1　**五世竹本南部太夫**（たけもと・なんぶだゆう　一九一六〜八五）四世竹本南部太夫門下、のちに八世竹本綱太夫門下。戦後因会所属。艶物語りとして活躍。世話物、道行、景事物を得意とした。

注2　**十世豊竹若太夫**（とよたけ・わかたゆう　一八八八〜一九六七）二世豊竹呂太夫門下。初名豊竹英太夫、七世豊竹嶋太夫、三世豊竹呂太夫を襲名。戦後三和会に所属。古風で豪快な時代物に定評があったが、世話物にも個性を発揮した。

閑話休題

吉田玉男（本名・上田《うえだ》末一《すえいち》）は、大正八年一月七日、大阪市浪花区で生まれた。

小学校を卒業したあと、十三歳で夜学へ通いながら会社の給仕をしていたが、自分の前途を思うにつけ、学歴がモノをいう時代に会社つとめでは出世でけん、なんでもいいから手に職をつけたほうがエエ、との家人のすすめもあって、その気になったという。

さいわい母親が、近くに住む玉幸（のちの三世玉助）と知り合いだったので、相談すると、

「お宅の息子ハン、文楽に入れたらどうや」

と誘う。

「文楽て、なんや？」

玉男はそれまで文楽とは無縁の存在やったので、どんなことをやるのかわからない。

「そんなら、いっぺん観に行くわ」

というわけで、昭和八年二月の四《よ》ツ《つ》橋《ばし》文楽座ではじめて観た。

この興行は『七福神宝《しちふくじんたから》の入船《いりふね》』『伽羅先代萩《めいぼくせんだいはぎ》』『染模様妹背門松《そめもよういもせのかどまつ》』『近頃河原《ちかごろかわら》の達引《たてひき》』『恋《こい》女房染分手綱《にょうぼうそめわけたづな》』の五本立てだった。『先代萩』の「御殿の段」は六世土佐太夫で、人形は初世吉田栄三《えいざ》の政岡。『妹背門松』の「質店の段」は古靭太夫《こうつぼたゆう》（のちの山城少掾《やましろのしょうじょう》）で、お染は吉田文五郎。『河原の達引』の「堀川の段」は三世津太夫、与次郎が栄三、お俊が文五郎という役割だった。

文楽の人形をはじめて観た玉男は、

「これならやってみようか」

と、一度でその気になった。何事も最初に一流のものを観ることが大切だが、玉男が「これなら……」と思った理由は他にもある。子供の頃から玉男はしゃべるのが大の苦手で無口な少年だったから、文楽の人形遣いなら、しゃべらなくてすむ、と思ったらしい。

玉幸に誘われたのだから、玉幸の弟子になりそうなものだが、玉幸にとっては、近所の知り合いの子供で、すぐに「オッチャン、オッチャン」と呼ばれるから、なんとなく弟子にしづらい。

そこで、吉田玉次郎（注1）のところへ入門させることにした。玉次郎は、晩年老《ふ》け役の「新口村《にのくちむら》」の孫右衛門、「沼津」の平作、「酒屋」の宗岸などで存在を示した人形遣いで、昭和十七年に亡くなっている。

玉男がはじめて文楽を観た昭和八年二月に私（山川）は生まれている。その翌月の三月五日、玉次郎師匠の弟子となり、吉田玉男と名乗ることになった。

番付にのったのは、同じ年の五月だから、入門して二カ月後のこと。その当時、大阪の四ツ橋文楽座では毎月興行をやっており、まだまだ文楽の人気はおとろえていなかったものの、興行形態に変化が出はじめる。

昭和八年の四月興行は、文楽ではじめて昼夜二部制が採用された。それ以前にも実質的な二部制はあったが、ここで改めて「第一回二部制」と銘打ったのである。昼の部が午後一時、夜の部が午後六時の開演であった。

また、文楽座内でのもんちゃくもあり、津太夫と古靭太夫が紋下《もんした》（最高位）の問題をめぐって紛糾し、昭和八年の四月興行から昼夜別々に出勤するという異常事態で、昼夜二部制も、そうした問題とからんでいたと推測される。

その頃入門したての玉男をめぐる環境はどうだったのだろう。一昔前の文楽の修業といえば、早朝から深夜までぶっ通しで用事をさせられ、特に巡業などは不眠不休に近い状態が当たり前とされた時代だ。玉男にとっても堪えがたく、三度ほどやめかけている。

しかし、師匠の玉次郎と、昭和の文楽人形遣いの第一人者だった初世吉田栄三は、義兄弟の仲だった関係から、三年ほど栄三の部屋で修業できたことは、玉男にとって幸運だった。実際、初世栄三から受けた影響は、のちの玉男にとって計り知れぬほど大きいし、玉男が人形を遣う考え方の基本は、初世栄三にあったといってよい。

昭和九年三月、十五歳で『和田合戦女舞鶴《わだかっせんおんなまいづる》』の可愛い子役の鎧武者《よろいむしゃ》の五人のうちの綱若《つなわか》が初役である。昭和十五年二月から十八年四月まで兵役、昭和十九年応召という修業の空白は、まことに惜しかったが、太平洋戦争も終わった昭和二十一年十一月に、玉男は文楽に復帰する。この月、戦後の人形部の番付が成立した。そして、三世玉助の左で学び、二世玉市の芸からも多くの知識を得て、堅実に玉男は成長していったのである。

入門の頃

山川　文楽にお入りになって、まず何からやらせてもらうんですか。

玉男　何からて……、はじめのうちは放し飼いやな（笑）。

山川　（爆笑）

玉男　身のまわりの用事、教えられて。朝来たら、師匠の湯飲みを洗うたり、茶棚を拭いたりいろいろした。それから師匠が前の日に着て出た着付《きつけ》（着物）や舞台襦袢（襦袢）が、楽屋にかけてあるんで、それをたたんで片付けたりね。夏とか季節が暑さにむかっている時は、汗を乾かすために一晩、掛けてあるんでね。これを畳んでね、それも本畳みで。入って間無しは、袴《はかま》の畳み方もわからなんでね、自分で稽古した。まあ、はじめは、小用《こよう》をするくらいのことやね。

山川　それで、食事などはどうされていましたか。

玉男　近くにうどん屋があって、そこでうどんとご飯。僕は蕎麦が好きやったから、きつね蕎麦とご飯。ご飯は二銭にうどんが六銭かな。

山川　それは自分で払うのですか。

玉男　もちろんそう。

山川　じゃあ給金は？

玉男　一日一円くれる、それもあの時代は先銭《さきぜに》で。

山川　先払いでね。

玉男　十五日分、先払い。十五円をくれる。そして十五日すぎたらまた十五円くれる。公演が二十五日間やったら、次の公演の五日目にまたくれるというあんばいやったね。それやから、入った時から十五日計算でくれるから、人形遣いの給金は、みな別々の日にもらってた。みなちがう日。僕は三月に入ったでしょ、そうすると、そのはじめての興行の舞台稽古の前の日にくれる。それは人形頭取が配る。ところがその「払い」をもらう日がみなちがうもんやから、よう仲間内で、「払いまでちょっと貸して」言うて、融通しあっていた。僕は子供の時分から借りたことなかったけどね。

山川　おいくつの時ですかね？

玉男　僕十四です。それまで会社の給仕してたけど、給仕の月給を日給で計算したら六十五銭や。けど会社のほうが働く日数多いしボーナスもあるからね。文楽は休演の時は、なしや。

山川　じゃあ、トータルすると、その時点では給仕のほうがよかった？

玉男　いや、文楽のほうがよかったね。というのも、その時分NHKの中継放送があって、その日は人形遣いでも二円の手当がでるから。ラジオやから人形遣いは関係ないようなもんやけど、舞台で粗相《そそう》したり余分な音をさせたらいかんよってに、ちゃんとしてや、という意味もあったんやろね。僕らも小割帳《こわりちょう》には介錯《かいしゃく》、いうて載せてもろてね。それで、二円もろたね。

山川　しばらくは小用をしますね。そのうちにだんだん慣れてきますね。そうすると先輩たちの扱いというのは、どんなものでしょうか、やっぱり厳しい？

玉男　いやいや、そんなことはない。厳しいことない。そら、足を持つようになると、間違ってたら叱られるけどね。小幕《こまく》開けたり用事してるうちは、むつかしいない。草履《ぞうり》なんかでもね､人の草履をみな覚えるのがむつかしい。間違って持っていったら大変やからね。四世の玉造（注2）さん、その時分は玉松さん、この人はなかなかゴリガン（無理を通すところのある性分）で、舞台で自分の弟子をポーンと蹴ったりしてたけどね。僕の先輩の玉丸なんか蹴《け》られてたね。

山川　まず人形とのとっかかり、とでもいうのでしょうか。それはまず、「足をこう持つんやで」と教えられるのですか、予行演習のように？

玉男　うーん、予行演習ね。というか、まず、自分でやってますな。ツメ人形があるでしょ、軍兵《ぐんびょう》とかの。あの時分のツメ人形にはみな足がついていた。藁足《わらあし》いうてね、足金《あしがね》のついてない足があった。百姓ヅメは足は吊ってなかったけど、軍兵にはあった。なんでやろね、軍卒だけは足がついていた。手も綿でこしらえた「もみじ手」があった。指掛けがあったから、そこに手をつっこんで槍を持ったり。そういう人形が廊下なんかに吊ってあるのを、自分でさわって練習してたね。

足を鼻筋へ鼻筋へと、つまり体の中心へ中心へ出すようにとか。実はコレ、引き足がむつかしい。出す足はちょっと曲げて出すけど、引き足はまっすぐに引く。

山川　出す足は屈折して出し、引く足はまっすぐに引くと。

玉男　文五郎さんの部屋へ行く階段の上り下りの壁のところに人形がずっと吊ってあって、それで練習してたね。今みたいに人形置きはなかった。もちろんそれぞれの遣う大事な人形は各自の部屋に置いてたけどね。

山川　下働きの見よう見まねで人形をさわって、まずはツメからさせてもらうんでしょ？

玉男　いやいや。

山川　ツメ人形は難しいですか。

玉男　むつかしい。むつかしいんやけど、僕はその年の暮れくらいから出てたね。口上《こうじょう》を言う兵次《ひょうじ》さんと小道具をしてたマンさんと、玉昇いう先輩と僕と四人、『勧進帳《かんじんちょう》』のツメ人形の軍兵で。人形頭取をしていた玉次郎師匠が、当時としては僕は人形遣いの足としては、ちょっと背が高かったから、足は二の次にしてツメ人形から遣わした。ツメ人形も三人遣いのつもりで遣わないといかん言われてね。足をブラブラさせてはいかんとか、教えられたね。

「新口村」の捕《と》り手の小頭《こがしら》についてくる取り巻き、あるでしょ、ツメ人形の。あれなんかも足ついていたから。それらも遣わしてもろたね。そんなことから入ったね。

山川　それは他の人より早くやれたと？

玉男　そうそう。足でも早よから遣わせてもらえたね。師匠は自分の足をわりあい早くから持たせてくれたね、僕には。

山川　そこで今度は足遣いの修業に入るわけですが、まず、主《おも》遣いから「ズ」と呼ばれている合図があるわけですね。そのへんの修業の仕方というのは？

玉男　それはね、まずズの覚え方やね。これは微妙な動きやから、自分でそのズをつかまえるのに苦労しますな。人それぞれにちがうから。うちの師匠のズは特に微妙な動きのうえに小さいんで、そやから「自分の足を遣ったら誰の足でもいけるわ」て。他の人のは大げさやから。

山川 なるほどね。

玉男 うちの師匠のズをわかるには、勘がものを言うね。

山川 ズとはいってもあるかなしかのものでしょうからね。それを直感で感じて足を遣うと。

玉男 そうそう。僕らね、そうやって鍛えられてきたから、今でも毎日やっている動きとちがうことを急にすることがある。足遣いが油断しているかどうか調べるためにね。千秋楽にはバーっとちがうことやって左や足遣いを試すことある。僕も試されてきたよってね。あるいは毎日同じことをしないで左や足を試すことある。それは主遣いの気まかせ。

山川 ところで、人形遣いは面白いな、この道で行こう、と納得されたのはいつ頃でしょうか。

玉男 僕は十四歳でこの世界へ入ったけど、兵隊に行くまでは、一生懸命やらないかん、これで身を立てていくんや、というようには思っていなかったんや。けどふしぎなもんで、それでもその時分に覚えたことは、十四から二十か二十一歳までの七年間、その間に何気なしに覚えたことは忘れへん。ちゃらんぽらんやったけどね。

兵役から帰ってきてからやね、文楽でずっとやって行こうと思ったのは。戦争が終わってから。それまでは、兵隊へ行って、先はどうなるかわからんという状態やったから。帰ってきて、仕事が面白なってきて。昔の人がこう言っているのは、なるほどな、とか探求したり。また因会《ちなみ》と三和会《みつわ》に分裂したりして、興行の人数が減ったために役がまわってくるからね。

山川 そうすると分裂騒動も、玉男さんにとってはあながち不幸なことばかりでもありませんね。三和会はまあ苦労したけどね。

玉男 そうそう。で、それ以後はもう迷いはなかったね。

ともかくこの仕事ではね、二十歳代というのは、もうがむしゃらにやる時期。三十代になってきたら、自分は女形《おんながた》で行こか、立役《たちやく》で行こか、と方針を立てて、四十代になってきたら今度は役の調整や。五十代になってはじめてお客さんに見てもらえる芸ができるわけや。道は遠いけどね。

山川　六十代、七十代は？

玉男　もう枯れてくるんや（笑）。今までやってたことを押さえていくというか。

山川　現在はいかがですか。

玉男　あかんな。八十になったらもうあかんな。体力がつづかんようになったからね。知盛とかやってみたいと思うけど、もう無理やろね。高い下駄はいて上がるのはしんどいね。

山川　お弟子の玉女《たまめ》（現二世玉男）さんも、入門からもう三十年でしょ、ようやく師匠のお眼鏡に適《かな》うようになってきたのは。玉女さんは玉男師匠は段階を踏んで教えてくれるのがうれしいと言ってましたよ。

玉男　そうするね。僕の師匠の玉次郎かて僕が兵役中に亡くなったんやけど、兵隊へ行くまでは、あんまりむつかしいこと言わなんだ。けど、初役の時なんか、子役人形の手を彫ってくれた。鎧人形の差し金つけてね。

山川　情がありますよね、玉次郎さんという人はやさしい人ですよね。

玉男　そうや。若い時分はうるさかったらしいけど。僕が入った時、五十八歳。神経痛持ちで、足の調子が悪かったから荒事なんかは遣わなかった。まあ栄三さんが休演の時なんかは菅丞相など代役をしてました。

山川　どっちかというと地味な芸風だったのでしょうか、二世玉市さんみたいな？

玉男　そうやね、正統派。

好きな舞台、好きな役、体力

山川　いちばん印象に残っている舞台、充実した舞台はどれでしょうか。

玉男　文五郎さんが八重垣姫で、僕が勝頼。文五郎さんが相手の時は「新口村」の忠兵衛で、文五郎さんが梅川。その時は自分で緊張した舞台でな、その時分に誘導してもろたように思うな。引っぱられたと。

分裂してた文楽が、合同公演したことがあって、背山の久我之助遣ってやった頃、充実してたように思うな。昭和二十九年あたりから、三和会と因会の合同公演はあったけど、両派が昼夜に分かれてた。昭和三十一年の十月に新橋演舞場で『妹背山』の「山の段」が出て、ひとつの舞台にはじめて両派が入りまじって出演したんです。

妹山の太夫が因会で綱太夫《つなたゆう》・弥七《やしち》、伊達《だて》・藤蔵《とうぞう》。背山は三和会で若太夫・綱造、つばめ・喜左衛門。人形遣いのほうは、その逆でね。気持ちを一つにしたね。確か、大判事が玉助さん、久我之助が僕、定高《さだか》は紋十郎さん、雛鳥は紋之助（のちの四世清十郎）でした。

山川　演目も象徴的ですね。けど火花が散ったでしょう？

玉男　そうやね。

山川　感動的な「山の段」だったでしょうね。ところで、文五郎さんとやったのがうれしかった、印象深い、とおっしゃっていますが、文五郎さんというのは、僕が拝見した頃はもうかなり弱っておられて。目や耳はどうだったんですか。

玉男　目はエエよ。耳が悪かったな。

山川　そうすると浄瑠璃が聞こえにくいでしょ？

玉男　そうそう。三味線はちょっちょっと聞けたみたいやけど。

山川　玉男さんが文五郎さんに魅かれた、という芸、どういうもんなんでしょうね？

玉男　どういうのんかな、まず、可愛いね。娘役持っても。「質店」の、僕が久松で、文五郎さんがお染。そらもう、なんでも可愛いね、文五郎さんは。

山川　相手役からしたら、もう可愛くなっちゃう。

玉男　可愛いね。

山川　人間的にも可愛い人なんですね、文五郎さんは？

玉男　（笑）、うーん。そら、年寄って、よけい可愛いなってきたんやな。
　相手役には、初世栄三さんより、その前の三世玉蔵さんのほうが、よう息が合っていたと、文五郎さんは言うてましたな。柔らかいというか、品がよかったんやね。文五郎さんのこと、根性ワルやという人もおったけど、僕らには、そんなことはなかったね。役のこととか、よう教えてくれたりしてたね。

山川　玉男さんは、岩藤《いわふじ》、八汐《やしお》、万野《まんの》という三悪女がお好きだとうかがいましたが。

玉男　（笑）ふん。遣いやすいね。それに岩根御前《いわねごぜん》もね。万野は気楽に遣える役やわな。どれもみな、遣うてきてますわ。

山川　イジメの三女傑というか。

玉男　みな、それぞれに相手があるので、その遣い分けが面白いよ。岩藤がやっぱり棟《とう》梁《りょう》やろな。いちばんコシャ（コシャコシャ、こしゃつく）やないから。遠まわしにイジメる感じでね。万野は多少コシャついてもエエけど。八汐なんかは開けっ放し。まあ芝居は面白うしてあるわ。

山川　逆に、尾上《おのえ》などは、玉男さんに合っているのとちがいますか。

万野　『伊勢音頭恋寝刃』「油屋の段」

玉男　動きはあんまりないし、まあ、私の任には合っているやろね。「長局《ながつぼね》」の悲しみの場面、悲劇のヒロインやな。廊下から出てくる時のチョイ（かしらの頷《うなず》きのこと）の下げる具合がむつかしい。思案顔がむつかしい。思案顔のかしらの落とし方が特にむつかしいね。

山川　政岡もおやりになりますよね？

玉男　はじめは、足も左もやらずぶっつけ本番でやったね。たしか新潟かなんかで。

山川　面白かったですか。

玉男　面白かったね。立役にくらべたら、わりと楽やったね。ハラはあるんやけど、楽やったね。ほれ、このあいだの東京五月（平成十二年）、「竹の間」からで、「御殿」と、時間がのうて（なくて）、あれは困ったね。年とってオシッコが近こうなってるやろ、「御殿」からが長いから、トイレに行かなあかんねん。そうするとタバコを一服する間があらへんのですわ。「政岡忠義の段」、太夫は替わるけど、こっちは一人で、タバコとオシッコとどっち取るかということやったら、しゃあないオシッコ取らんと。そやから、それが厄介で。

山川　約二時間ですか、膀胱の限界ですね。

玉男　若いうちはどうもなかったけど、年とるとな（笑）。

山川　僕はタバコ、やめたんですが、今こうやって玉男さんが吸っておられるのを見ると、おいしそうだな、とお見受けしますよ。
玉男　おいしい。この頃、食事はうまいと思わんのやけど。タバコだけはやめられんね。
山川　タバコがうまいってことは健康なんですよ。
玉男　そやけどな、僕はお腹がすいている時は吸わんね。吸いとうてしゃーないけど、食べ物を何か食べてからでないと吸わんように決めててね。食べたあとはひっきりなしやけど。
山川　ついでに、健康のこともうかがいたいのですけれど。大体お丈夫だったんですか。
玉男　丈夫よ。
山川　大きな病気なんてしたことない？
玉男　してない。
山川　いちばん大きい病気ってなんですか。
玉男　この喉《のど》の手術。喉にポリープができて。ピンポン玉くらいの。それも長い間ほっといてね。ご飯を食べて飲み込む時なんか苦しんでね。それでうちの家内が、医者へ行け、言うんで阪大へ行って診てもろたら、すぐ入院や。それと白内障の手術かな。大きい病気といったら、それぐらいやね。

兵隊の時に盲腸を手術したことがある。盲腸やなかったんやけど、切ってもろうた。腹が痛いから調べてもろたけど、そうではなかった。けど、ソ・満国境の陸軍病院、中島いう軍医が「盲腸やないけど盲腸切っておこ」言うて。「内地で切ったら三百円いるから」て。その時分、手術したらそれくらいはかかったらしい。大学出の初任給が六十円ほどやったからね（笑）。「いっぺん手術したら二度はないから」とすすめられてね。それで結局六ヶ月も入っていた。

山川　盲腸で六ヶ月というのは、入院しすぎですよ。

玉男　盲腸で入って、食堂で内科の連中らと将棋《しょうぎ》したり食事をしてたら、肋膜が罹《うつ》ってね。肋膜炎になって、内科へ移った。

山川　兵役がすんだあとは健康そのもので？

玉男　そうそう。たまに風邪くらいはひいたけどな。年とってからは風邪ひかん。

山川　人形遣いというのは、体のどういうところが、疲れやすいんでしょうかね？

玉男　足やね、足が丈夫でないとね。足腰がしっかりしてないと、人形がしまらんね。別に立役に限らずね、女形でもそうよ。

山川　野球のピッチャーでもね、コントロールをつけるには、足腰を鍛《きた》えろって、言いますもんね。同じですね。人形が不安定になるんですね。

玉男　そうそう。相撲もみな一緒ですな。だから僕らもいちおう、スポーツマンみたいなもんやな、人形遣いいうのんは。太夫三味線のほうはもう座り仕事やけどね。うちのほうは舞台を駆けずりまわって、またそれに、あの高い下駄はいて。

山川　やっぱり、文楽の仕事をなさっていることが、足腰を鍛えちゃうと。

玉男　自然にそうなるわね。僕が子供の時分は、今の恵美須《えびす》町（今宮戎《いまみやえびす》神社の南側あたり）から心斎橋通って、四ツ橋文楽座まで歩いてたからね。先輩の玉徳さんとか玉幸さんとか、みなその人らが歩いているんやもの。

山川　片道どのくらい歩いたんですか。

玉男　二十五分か三十分。道具屋筋通って、今の千日前を通って、戎橋《えびすばし》渡って、今の心斎橋筋をずっと行ってね。僕が文楽に入ったのと同じ昭和八年に地下鉄ができたんやけど、文楽へ入ってしばらくは、まだ工事してましたな。

出遣いのこと

山川　出遣《でづか》いの法則みたいなものが変わってきましたか、昔と。艶物《つやもの》は黒衣《くろご》だったとか。

玉男　変わってます。艶物、それと切場《きりば》（太夫のメインの場）は昔は黒衣、「寺子屋」でも「すしや」でもみな黒衣でした。で、その前の「椎《しい》の木」から「小金吾討死」、ここは出遣いにしていた。あとは、「椎の木」も黒衣の時もあったけど。だいたい人形遣いは「無」いう意味で黒衣が多かったんやね。ところがその時分でも、私が入った時分やけど、東京公演に行くと松竹の大谷会長（大谷竹次郎、当時は社長。大阪は白井松次郎で故実を受け継いでずっと黒衣で遣わしていた）が東京は出遣いにした。ぜんぶ出遣いにした。出遣いにするとだいたい太夫の一場について、たしか十五銭の払いもん（払いもの）があって、まあ裃衣裳《かみしも》の損料やね。というて太夫さんや三味線には出ない。十五銭で一興行二十五日あったら、どうなる？　三円七十五銭か。それ二回あったらもう裃がつくれる。その時分、裃屋は六円くらいで生地むこう持ちでつくってくれるんですわ。そやから、まあ、「御殿」（昔は「政岡忠義の段」なんて分けないから、「御殿」は一人で語ったけど）と「竹の間」も出遣いさせたから、太夫二人分で一日三十銭、二十五日あって、そうしたら一枚裃がでけますねん。

山川　ですから興行側としてはなるだけ出遣いにしたくなくって、特殊な場だけ出遣いにして袢代を払ったということなんでしょうね。それを大谷さんがぜんぶ出遣いにしたから、興行側としては払わなくっちゃいけませんね。

玉男　大谷さんの目的は、スターをつくろう、ということでした。スター、スターって言いましたね。だから文楽では文五郎さんが亡くなった時もスターがいなくなったから、もう手放そうと、そう聞いているくらいやから。金はなんぼでも出すからスターを育てよ、というのが大谷さんの方針やね。まあ、払いもんいうのは、そういう意味では微々たるもんやけどね。

山川　玉男さん、正直なところどうでしょうね。世話物などのいいところで、あんまり人形遣いが顔を出すというのは、人形の命みたいなものまで死んじゃうような。

玉男　そうそう。黒衣にこしたことないことがあるね。

山川　しかし一方、人形遣いにとって顔を出すのは、やはりうれしいんでしょうね。だから出してやりたいな、とも思うし、また、顔を出さないほうが人形が生きるとも思うし、そういうジレンマみたいなところありますね、僕ら文楽ファンとしても。

玉男　全体からしたら黒衣のほうがエエねんやけどね。僕らはそういう時代にやってきて、辛抱してきたんやけどね。せっかく役もろうても黒衣の場で、ちょっと小姓なんかやと裃だったりとかね。やっぱりいつまでも顔出すことないな、とか子供の時でも思ってしまうから、やっぱりつづけさせるためには顔も出さしてやらんとな。

山川 人形遣いの励みになるんですよね。悪いことと知りつつやっていると（笑）。

玉男 それもあるね。

山川 この頃のファンはどうなんでしょうね、やっぱり顔も見たいのかな?

玉男 そらあ、投票でもさせたら大半が「顔を出せ」やろな。八〇パーセント以上かな。松竹の大谷さんのほうも昭和二十七年かな、改革なさったんです。因会だけの時ですけど、新橋演舞場でね。人形遣いは裃をやめて、そして袴《はかま》だけにしてくれと、太夫はそのままでエエのよ。その頃まだ三和会は三越で裃つけてやっていましたけど。

ところが因会は大谷さんの指令で袴で、そしてその袴もなるべく無地系統でするようにと言われたんですわ。それにわたしらも同意してやったんです。というのも戦災で裃焼いた人もいたしね。ほとんどの人が。そしたらファンの人が着物くれますねん、使ってくださいと。それで裃つくったんや、そしたら中に、エライ派手なんがありますねん（笑）。人形が引き立たんね、人形も舞台装置も、なにも引き立たんね。邪魔になる。人形より派手だったりして。お染を遣うとなると、ネンネコみたいな衣裳着たり裃着たりして人形を遣う、そういう人が目立ってきて、大谷さんが目にあまったんで、袴だけと。裃廃止、袴だけにしてくれと。

山川　僕はひとつの実験として、たとえば一幕目だけはみな、顔を出して遣って、この人形はこの人が遣います、とぜんぶ紹介しておいて、そのあとはみんな黒衣でやるとかね、時にはやってみたらどうかな、とも思うんだけれど。

誰が遣っているのかわからないのは忍びないけれど、三人遣いの人形が舞台に大勢並ぶと邪魔になりますね。

玉男　昔の『忠臣蔵』は「大序《だいじょ》からはじまって、「松切」も黒、「進物」も黒や、やっと三段目から出遣いや。「松の廊下」、あとは「裏門」にかけて出遣いや。「花籠」からずっと黒衣で。そやから判官の役をもらったら「松の廊下」ではじめて顔を出すことになる。師直もそこがはじめてや。そして由良助は「城明渡し」で出てくるだけや、そこで終わりや、あとはずうーと、「出合い」（これはあまりやらなんだ）、「二つ玉」も黒、「身売り」も黒、「勘平腹切」も黒、それで「茶屋場」ではじめて出遣いや。「道行」が出遣い、九段目はもちろん黒。

そやから黒衣のほうが多かったですね。

山川 どっちかと言えば、床が非常によい切場の場合は、人形の番数が多く、ゴタゴタするので黒衣がいいという考え方があったんですかね。

玉男 そうやね。

山川 それが戦後、人形も認められて、出遣いが多くなったんでしょうね。玉男さんの場合は、出遣いについては、まあまあ痛し痒《かゆ》し、というところで、まあ仕方ないか、というところですね。

山川 衣裳の工夫については?

玉男 太夫も三味線も、夏は、まっ白なのを着てまっしゃろ。人形遣いも。七〜九月は白ですわ。九月は下旬になると白ではちょっと具合の悪いこともおますねん。初日の具合で、寒そうだと今度は黒にしよ、と申し合わせで黒にすることもある。それと、このあいだ『忠臣蔵』やったけど、あれは切腹の場面があるよってに。切腹の場はどうしても人がようけ(大勢)出ますやろ。一寸《ちょっと》がさつきまっしゃろ。あそこは昔は黒衣でしたな。最近は出遣いになってますよってな。それに判官が白装束ということで、黒着付にしました。

玉昇・栄三郎・仲間たち

山川 惜しまれて亡くなった門弟の玉昇（昭和五十三年没）さんのことを聞かせてください。ずいぶん期待されていたでしょう？

玉男 何もかもわかって、僕の左をやってましたからね。左を遣いながら「おっしょはんが遣うてたらなに遣うててもエエ役にしてしまいまんな」と。「エエ役やなと思ってて、他の人が遣うたら、なにじゃ端役やったんか、て感じがします」とか言い出した時分から、目が肥えてきたというか、腕も上がってきた。今の玉女（現二世玉男）あたりがそんな立場やね。そやから左はやっぱり遣うていかなあかんな、という気になっとるな。あこまで行けば一応、合格やね。

山川 まあ左がうまく遣えるということは、主《おも》も相当遣える、というバロメータですね。

玉男 左遣いで伸びるやつが、バッーと伸びていくんですわ。その心がけ次第でね。

山川 で、お若い頃、師匠になんだかんだ、いろいろと注文をつけられたり叱られたりしましたよね。そんな経験から、後輩に対してはこうしたい、とかいう思いはありますか。

玉男 それは、各人のクラスによって区別がある。コレにはまだこんなこと言ってもあかんということもあるしね。僕らもそうやられてきたしね。僕らの師匠が存命の頃には、海とも山ともわからんから、相手にもしてくれへん。格がちがう。だから僕らはよそであってても先輩を頼って。玉丸とか、ちょっと上やけど栄三郎とか、せいぜい玉市さんが教えてくれる。

そやから、もう玉女あたりになってくると僕もちょくちょく「アアヤ、コウヤ」言うても納得してくれるしね。「ああ、そうでっか」て、納得しよるけどね。まだ海のもんとも山のもんともわからん者には、まだ我々の言うことは通じるか通じんか。けど、聞かせることは聞かせるけどね。

山川　あんまり理屈言ってもしょうがないしね。

玉男　そうそう。直面してはじめて聞きにくるんやったら、その時はじめて説明したりもできるんやけどね。足遣いや左には、舞台から下りて帰ってくる時なんかに、そのつど、「あやったで」とかちょくちょく注意はします。

山川　だいたい、伸びる人、伸びない人というのは？

玉男　積極的というか。若い子供の時分から、介錯とかいろいろ仕事があるんやけど、ところが、怒られることも多い。それでも一回や二回怒られてもかまへん、と思ってやるヤッと、そういう危険は避けるヤツがいてね。「虎穴に入らずんば虎子を得ず」と一緒で、怒られるんやったら早いうちに怒られといたほうがいい。危険を避けていると「なんやお前、三年もたっているのにまだそんなことでけへんのか」となる。引っ込み思案して危険を避けているのは、こっちも経験してきているから百も承知や。「ああ、あいつ善五郎しておるな」て。善五郎というのはさぼるヤツのこと。ことばの由来はどこから来てんのかな？ 手を抜いてるとあかんな。怒られるのは年齢《とし》のひとつでも若い時にやっておいたほうがエエ。

その心がまえ。だからやる気のあるヤツはわかります。うちにも積極的なのが二、三人います。

山川 人形遣いの仲間との付き合いはどうでしたか。勘十郎さんとはよくお飲みになったでしょうし。いちばんよく付き合ったのは？

玉男 僕はね、だいだい勘十郎君とは飲み食いはするけど、目下年下とはあんまり付き合えへんね。目上の先輩と付き合うほうが好きやねん。そやから玉市さんとか栄三郎とか、玉丸いうのがおってね。これは足が上手やったからね、そういう人とよく付き合ったね。玉丸とは仲良かったね。兵隊に先に行って戦死したけどね。今の三世玉松のおとっぁんで当時二世玉松、のちの四世玉造さんの弟子でね。

玉丸は、光秀の足なんか二年半ほどしてから遣うてたね。パーンとよう玉松さんに蹴《け》られたりしていたのを僕が見てたから。けど上手やった。文五郎さんにその足をかわれて、累《かさね》・与右衛門を清元でやる土橋のとこ、『色彩間苅豆《いろもようちょっとかりまめ》』、あれを文楽ではじめて出したのが、紋十郎さんの累で、文五郎さんの与右衛門。女形遣いの文五郎さんの弟子ではそれほどの、立役の足遣いはおらんから、玉丸を使った。引き戻しのとこなんか、上手やったよ。文五郎さんもうまいけど、足もうまかったね。

山川 そうするとライバルであり、先輩であり、目標、という付き合い方が好きだった?

玉男 そうやね。

山川 舞台がない時は、どういう付き合い方をするんですか。

玉男 夏の休みなんかは、玉市さんと、栄三郎、玉丸と僕の四人で、淡路島へ遊びに行くのん。僕がいちばん若いほうで。玉市さんのふるさとやねん。そこに自分の兄の別荘、別荘というても志筑《しづき》の町はずれにある小高い山の上の八畳一間の一軒家。そこで自炊するねん。朝起きたら「玉男に米、持たすなよ」て言われてた。米を洗いに井戸端へ行くんやが、別荘から半町ほど下りたところにあってね。僕は蛇が嫌いやから、蛇見たらひっくり返すねん（笑）。「蛇またぎ」いう歩き方するねん、こわいから。一方の足が地につく間も惜しんで次の足上げて（笑）。それがまた、たくさん蛇が出たんよ。

僕だけは毎日、下から牛乳を配達してもらっていますねん。昼間は魚つりに行ったり、将棋をしたり。玉市さんの親戚のおっちゃんとか玉丸が相手やったけど、玉丸は下手で、相手にならなかったけどね。

三年ほどつづけて行ったかな。その帰りは甲子園に寄って、夏の高校野球、見てた。

山川　そんな時に芝居の話はするんでしょうか。

玉男　そうそう。玉市さんと栄三郎がよく人の劇評してるのを聞いているのが、また面白いねん。栄三郎さんは特に先輩をけなすのが好きらしい。けど芸の話は的確なこと言うたね。

だから、ものの考え方とか芸の考え方とかいろいろ、僕は影響受けてるね。アテコミ（客を意識する）とか、あんまり好きやない人でね。まあ、栄三郎はちょっとはするけどね。玉市さんはだいたい芸のアテコミいうのは全然しない人でね。ちょっと地味すぎて芝居にならんとこあるけど。

この話をした時の玉男は、青春時代がもう一度戻ってきたような、ほんとうにうれしそうな表情をした。気ぜわしい舞台の合間に、気の合った仲間と、ストレスを解消していた数十年前の若き日の思い出は、今でも玉男にとってかけがえのないものなのだろう。

■ ■ ■

注1 **吉田玉次郎**（よしだ・たまじろう　一八七四〜一九四二）　初世吉田玉助門下。吉田栄三と同格扱いで、老け役で評価されたが、故実に詳しいところから人形頭取に就任した。

注2 **吉田玉蔵（四世玉造）**（よしだ・たまぞう　一八八五〜一九四八）　初名吉田玉市。三世吉田玉蔵門下。二世吉田玉松、四世吉田玉蔵の名を継ぎ、のちに四世吉田玉造と改める。大病後、吉田林蔵と改名。荒物遣いを得意とした。

樋口次郎

【ひらかな盛衰記】

『ひらかな盛衰記《せいすいき》』の三段目は、〝子供の取り違え事件〟から話がはじまる。

大津の宿に、権四郎と、その娘小よし、孫の槌松が一緒に泊った夜のこと。にわかの捕《と》物《り》騒動に巻き込まれ、あわてた権四郎父娘は、他人の子を槌松と間違えて連れて逃れる。あとで気がついたが、如何ともしがたく、一縷《いちる》の望みを託して、他人の子を槌松として育てている。

小よしには婿を迎えている。松右衛門という。松右衛門はその日、源氏方の梶原源太に呼ばれて出頭して帰り、逆櫓《さかろ》の技術を持っている自分が、義経の船頭に取り立てられたと報告する。

当時、同じ源氏方でも、木曾義仲を討った義経と、義仲の残党は敵対関係にあり、松右衛門こそ、義仲の四天王といわれた一人、樋口《ひぐち》の次郎兼光《じろうかねみつ》だったのだ。そして、槌松と取り違えたのは、義仲の子の駒若丸だったのである。権四郎は自分の可愛い孫の槌松が、駒若丸のためにお役に立ったのだと悟る。

この三段目では、松右衛門が、自分の正体をあらわす「名乗り」がハイライトだ。

「権四郎、頭が高い。天地に轟く鳴雷の如く、御姿は見ずとも、定めて音にも聞きつらん。これこそ朝日将軍義仲公の御公達駒若君、かく申す我は樋口の次郎兼光よ」

このところは、歌舞伎でも初世吉右衛門の名調子が語り草になっているが、文楽にも面白いエピソードがある。

素人あがりの太夫が、「逆櫓の段」を語っていた時のこと。緩急もなく、強弱もなく、やたらに怒鳴りまくっていたその太夫が、いよいよ最高潮に達して、

「樋口の次郎兼光」

と、割れ鐘のような大音声をはりあげた。

すると、最前列にいた客が、ぼやけた声で、

「そない大きな声せいでも、よう聞こえてまっせ」

と、やんわり釘を刺した。

太夫は、自分がいい気持ちで語っている時であったから悔しくてたまらない。

さて、あくる日、舞台に出ると、昨日の客が相変らず来ている。よっしゃ、今日は驚かしてやろ、と思いつつ、名乗りのところへさしかかり、前日とは逆に、ぐっと声をひそめて下からえぐるように、

「樋口のジロウーカァネエーミィイーツゥー」

と、低音でやった。そして、どうや驚いたか、と例の客の反応をうかがうと、その客はすましたもので、

「もそっと聞こえるように、やってんか」

昔は、こうしたうるさい客や通人がいっぱいいて、たえず文楽に刺激も与えていたのである。

それにしても、このエピソードで、名乗りの演り方の一端がうかがえる。つまり、樋口の気合いは入っているが、いわば内証の話だから、大音声ではいけないし、聞こえなくてもいけないし、人形も、この点で工夫がいる。

玉男　松右衛門というのは、だいたい、「松右衛門内」でちょっとした物語をしますが、

「松右衛門内の段」

あの間がむつかしいですな。あとの船頭になってからはちゃんと形があってね。わりあい遣いやすい。着流しで松右衛門のうちはむつかしい。地味で。ちょっと「渡海屋《とかいや》」の銀平らと衣裳も似てますわ。手はタコつかみ、五本の指がみな動くやつ。やっぱり樋口と名乗ってからは侍らしいとこを見せてね。

山川 太夫の聞かせ場ですが、人形は？

玉男 袖を払ってね、袖に手を入れたままで「樋口のジロー」、トントン入れて、カンヌキで「兼光ナリー」でカンヌキが終わる。権四郎と顔を見合わせて、片方の足をふってカーとキマる。右足はそのまま。ふつうはカンヌキは手を出したままや。それを袂《たもと》に入れてトントンとして、まわってきて、ハァーと。筒袖にしてトントンと入れるから。

山川 そのあたりの肘と袖の使い方で、どう印象がちがうのでしょうか。

玉男 マア、樋口次郎だと表沙汰に発表はしてないけれども、内証だけど、でも、樋口だと。しかし、伸ばして大仰にすると、あからさまに主張してますわな。

山川 「ここだけの話だけど、私は樋口次郎だ」と打ち明ける。

玉男 そうそう。両方ある。そこでは内証で、親父だけに聞かせればいいので。タメがある。筒袖だとそれが表現できるようになっとる。

「カンヌキ」は、立役の人形が見得の時によく使う型だ。両手を左右いっぱいに伸ばしたかたちが閂《かんぬき》に見えるからこの名があるのだろう。両手を左右一杯にひろげるのと、顔をキッと上げるのとが同時で、蹴《け》り出した右足を束に下ろして「トン」と足拍子を入れ、ゆったり大きくキマル。

ところが、ここの「カンヌキ」の合わせ技として、「ひぐち」という人形の動かす型を使う。もちろん、「逆櫓」の樋口が名乗る時の動きから、この名前がついた。

まず、左足をトンと踏み出して、下手斜めに身をひらき、両手をすばやくひろげる。次に、「トントン」と足を束に揃え、同時に、両手を左右から真下に突っ込むように揃えて顔を伏せ、右手右足を前に踏み出すと、ともに握った右手を前いっぱいに伸ばし、左手は後ろへいっぱいに引く。

この一連の動作が「ひぐち」で、この動き自体はなんの意味も持たないが、そのあとのキマリを大きく見せるのに効果があるようだ。

つまり、樋口次郎兼光の見得《みえ》は、文楽でも代表的なものである。文七のかしら、髪は「大さばき」というざんばら髪、それに豆しぼりの鉢巻きを締め、蛸しぼりの襦袢《じゅばん》に、太い縞《しま》の着物を諸肌ぬぎにしての、豪快きわまりないものだ。

「逆櫓の段」

山川　玉男さんが駒若君を遣った時、アイディアがあったそうですね。

玉男　僕は子役の時に駒若君の役をもらっていて、松右衛門が子役を抱いて立っている場面がある。それまでは子役遣いも下駄をはいて立ったものだが、僕が発明してね。十五、十六歳の時やね。下駄をはくかわりに、人形の胴串を差し込む竹を使ってのばした。取りはずしがきくやつで。下駄だと主遣いと同じくらいの高さになるから目障《めざわ》りや。

■　■　■

ひらかな盛衰記（ひらかなせいすいき）

元文四年（一七三九）四月大坂竹本座初演。文耕堂・三好松洛・浅田可啓・竹田小出雲・千前軒作。『源平盛衰記』（『平家物語』の異本）を脚色した物語。船頭権四郎は亡き婿の子を旅先で取りちがえられていたが、その子こそ、木曾義仲の若君であった。今の婿松右衛門は実は義仲の家臣樋口次郎兼光で、逆櫓の操船術を会得し、源義経に一矢を報いようとしていた。義と理をつくした松右衛門の説得で、権四郎は若君をかくまうことを決意する。

実盛

【源平布引滝】

自分の現在おかれている苦しい立場を説明し、さっぱり事情のわからない人たちに納得してもらうには、よほどの説得力がなければいけない。まして、二股武士《ふたまた》にいたっては、自分が、なぜ裏切り行為をせねばならなかったかを、時間をかけてじっくりと説明する必要がある。それが、歌舞伎や文楽の『熊谷物語』『盛綱物語』『実盛物語《さねもり》』などに見られる「物語」という演出形式で、『源平布引滝《げんぺいぬのびきのたき》』三段目の中の「実盛物語の段」はその典型であり、この段の見せ場である。

斎藤市郎実盛は平家方の侍だ。

実盛は、平清盛の暴挙をいさめるが、なかなか聞き入れてもらえない。一方、源氏再興の志を抱く源義賢《よしかた》は、源氏の白旗をあずかるが、平家方に追われ、多田蔵人行綱《くらんどゆきつな》の妻小まんに白旗を託して自害する。義賢の妻葵御前は妊娠中で、小まんの実家、九郎助《くろすけ》の住家にかくまわれる。

小まんは、琵琶湖で、平家方に白旗をうばわれようとするが、実盛がとっさに、白旗もろとも小まんの片腕を切り落す。

太郎吉とともに漁に出た九郎助が、白旗をつかんだ女の腕を引き上げてくる。そこへ、平家方の実盛と瀬尾十郎が葵御前をかくまっているという訴人《そにん》があったため詮議《せんぎ》にやってくる。折から葵御前の出産があり、ひそかに源氏に心を寄せる実盛は、「葵御前が女の片腕を産んだ」とだまし瀬尾を帰す。そして、その事情を打ち明けるのが「実盛物語」である。小まんの子、太郎吉は、のちの木曾義仲の一の家来、手塚太郎光盛だ。

昭和四十年の二月、道頓堀朝日座で上演された『源平布引滝』をNHKで放送した時、実盛を遣《つか》った二世吉田栄三《えいざ》にインタビューしたが、この時、玉男は瀬尾十郎。床《ゆか》は、「実盛物語の段」が三世竹本相生太夫《あいおいたゆう》・四世鶴澤重造、そのあとの「綿繰馬《わたくりうま》の段」が四世竹本津太夫・六世鶴澤寛治だった。

山川　歌舞伎はこれはもう「物語、物語」とうるさく言うのですが、文楽でももちろん眼目の部分であるのは確かですか？

玉男　そうですね、物語は段になっておるからね。

山川　実盛も盛綱も熊谷も、物語というのは座ったままですよね。座ったままだけれど、物語としてそこにドラマティックなものを見せなきゃならないという？

玉男　そうそう。人形の振りとしてね。

山川　どういうテクニックがあるんでしょうか、実盛を例にとると？

玉男　実盛の場合はね、同じ物語でも盛綱よりはましなんですわ。盛綱よりはちょっと動きがある。小道具を使うたりしてね。盛綱は座って、あまり大きな動きはありませんね。盛綱はかしらが検非違使《けんびし》でむつかしい。実盛は文七遣《ぶんしちつか》いますから、いくぶんか動きがあるから。「くだんの〜」で棒足《ぼうあし》して動きますからね。

実はね、物語よりも瀬尾の「詮議の段」、俗に「かいな」と言うとこでな、中国の故事を引いて同僚の瀬尾十郎をあざむくところ、実盛はこれは二股膏薬《ふたまたこうやく》みたいやから、ちょっと源氏に味方しておるからね。そこのところでちょっと理屈をつけていろいろ腕《かいな》の講釈をするところあるでしょ。ああいうとこも、わりあいと動きがなくてむつかしいところですね。ことばだけで、物語もなく、それでいて瀬尾を巻き込んでしまうところが、むつかしいとこですわ。

山川　動かないでそういうところを見せるというのは、相当年季がないとできないもの？

玉男　そうやろね、年季とやっぱり遣い慣れてこんとね。なかなかこら、むつかしい役ですね。瀬尾のほうは若い時分から、三十八、九歳頃からやってまして、こっちのほうが楽でんな。僕ら遣いやすいことは遣いやすい。

山川　単純といえば単純。

玉男　そうそう。単純やしな、実盛のほうはハラにいちもつあるし。そしてかしらが文七というだけに動きが落ちついていなあかんし、よっぽどね。瀬尾は好きなだけ動けるかしらやし。

山川　実盛は盛綱よりやっていて楽しいですか？

玉男　ウーン(笑)。どっちもどっちやな。盛綱も物語は地味やし。首実検から先はちょっと動きはあるよってね。実盛もそやな、うーん、馬に乗ってからだけですよってね。馬に乗ってからのほうが物語的というか物語よりは派手なように思うしね。

山川　実盛も盛綱も太夫さんは気持ちいいと思うんですよ。床は気持ちよくてもなかなか人形のほうはね、じっと辛抱しているというのはなかなか大変なことですよね。

「九郎助住家の段」

「九郎助住家の段」

玉男　そうですよ。じっとしてて、それでいて人のやっていることをみな聞いていなあかんしね。体力というより修業がいりますな。体力もやけどね、これは慣れでんな。僕らわりあい辛抱役、辛抱立役《たちやく》からやってきたという順序がある。「帯屋」の長右衛門とかね、「堀川」の伝兵衛とか『生写朝顔話《しょううつしあさがおばなし》』の駒沢次郎左衛門とかね、みな動きがないので、受けにまわるほうでね。こういうのをみな辛抱して努力してやってきたから、わりあいじっとしている役は持てるほうやね。持っても似合うし。『炬燵《こたつ》』の治兵衛もね。それにくらべたら時代物の受け身の役はみな重いからね。

山川　かしらが文七というのは相当強いですよね。

玉男　強いです。けれども、老眉《ふけ》をつけないでしょ。ふつうの眉をつける。一般の文七は老眉だから強いんですけど。

山川　いずれにしても、盛綱も実盛もどっちも二股なんですよね。

瀬尾もいい役である。〝モドリ〟といって、最初は悪役に見えるが、実は、小まんの実父で、孫の太郎吉に手がらを立てさせて、源氏方の家来にさせたいため、わざと刺されたことが、あとでわかる。善人に戻るからモドリである。玉男は、瀬尾のほうがむしろ好きらしい。

玉男の指摘した「かいな詮議」のところは、昭和十七年十一月文楽座で上演した初世栄《えい》三《ざ》の型が文楽研究家の大西重孝氏の記録に残っていて、実盛の栄三と瀬尾の玉蔵（のち四世玉造）の虚々実々の動きがいきいきとよみがえってくる。おそらく玉男も、これを参考にしているのだろう。大西重孝氏は、私のBK時代に、いつも「古典芸能鑑賞会」という番組に解説者として出演していただいていた。

「目先に瀬尾」で下手から瀬尾が立ちはだかって実盛の手許をのぞき込み、その後から九郎助も伸び上るようになって様子をうかがう。

実盛はそれに気付いてソッと上手斜めに身をそむけ、眉を一杯にあげて、瀬尾の方へ引き目になるのが、「油断せぬ顔、工面皺面」である。

「ここぞ」で身体をふるわせて覚悟を極めた様子を見せ、「絶体絶命」で錦の包みを下においで両手で布を開く。

「朱に染りし女のかいな」でギックリとなり「是はと驚く実盛より」女のかいなを右手に取りあげ、キッとなって見直す。

瀬尾はヨロヨロヨロとなり、「これを産んだか」とトンと右手で指差す内に実盛はチラリと瀬尾へふり返りざまトントンと下手斜めになって、かいなを突出したまま、身体を右に傾けてジッと見守ると瀬尾は、「これを産んだか」と繰返しながらトンと左手で指差し、三度目の「これを産んだか」にかかる息をはかって栄三の「エイ」という掛声もろとも、実盛はかいな持つ手を腕一杯に突出すと、ツケが入って、大きく三度目の「これを産んだか」となり、瀬尾が下手の九郎助と突き当り両人同時に両足を前に投げ出して尻を落すのが「呆れ果てたるばかり……」で、このところツケ入り。同時に実盛は気を換えてトントンと上手斜に身体をそむけ、なおもかいなを持つ手を突き出したまま、眉を一ぱいに上げて、下手の瀬尾へ気味合いで極る。

尻をついた瀬尾の太刀は鐺を突上げられて、束頭が上に飛び出す。右足をひきつけて右手をついたまま「ハァハァハ、、、」と肩で息をして「……なり」となる。

（大西重孝『文楽人形の芸術』より）

このあと、なおも疑ってかかる瀬尾に対して、楚《そ》の国の皇后、桃容夫人が鉄の柱を抱いたら鉄丸が産まれた故事を実盛は持ち出して、それで瀬尾を煙に巻くのである。

なお、現在の、滋賀県栗東《りっとう》市手原に、「手孕《てはらみ》のかいな伝説」があり、それに作者の並木千柳《せんりゅう》（注1）と三好松洛《しょうらく》（注2）はヒントを得たのだろう。

玉男に、いちばん好きな役は、とたずねると、即座に、『源平布引滝』の瀬尾十郎、『彦《ひこ》山権現誓助剣《さんごんげんちかいのすけだち》』の京極内匠、『花上野誉碑《はなのうえのほまれのいしぶみ》』の堀口源太左衛門をあげた。

玉男　三悪人、好きやねん。ものすごい悪党ばっかり。こんなん遣《つこ》うたら面白いな。気楽でエエな。

山川　型が決まっていないから、自分で動かせる？

玉男　そうそう。

山川　面白いね。役者も憎まれ役に快感があると言いますけどね、そうですか、人形もやっぱりそうなんですね。

ちなみに、瀬尾のかしらは「大舅」で、老《ふけ》がしらの中でも、重い人物の老人に用いられる。

■　■　■

源平布引滝（げんぺいぬのびきのたき）

寛延二年（一七四九）十一月大坂竹本座初演。作者は並木千柳・三好松洛。平家の老武士斎藤実盛が白髪を染めて出陣した逸話を題材にした前日譚。木曾義賢の男子を根絶せよと命じられた実盛は源氏に心を寄せていた。白旗を持った女小まんを平家方から逃すために手にかけてその腕を切り落とし、臨月の義賢夫人が女の腕を産んだと中国の故事を引用してとりなす。実盛は小まんの子太郎吉（のちの手塚太郎光盛）に遠い将来討たれる覚悟で再会を約束する。

注1　**並木千柳**（なみき・せんりゅう　一六九五～一七五一）　元禅僧で還俗後、豊竹座の作者西沢一風に師事、宗助・宗輔と名乗り、のちに立作者となる。一時歌舞伎作者として活動後、竹本座に立作者として迎えられ、名作に関わる。のち豊竹座に復帰、『一谷嫩軍記』の三段目までを執筆して没。

注2　**三好松洛**（みよし・しょうらく　一七〇六～？）　竹本座の作者。単独作はなく、立作者としての作は一作のみ。もっぱら脇作者として参加する。活動期間が三十五年におよぶ竹本座作者の長老格。

熊谷次郎

【一谷嫩軍記】

熊谷《くまがい》の胸中は、たとえようもない苦渋に満ちている。

敵方の若大将である敦盛《あつもり》のつぼみの花を散らすのを惜しんで、こともあろうに、同じ年齢の我が子小次郎を身替わりに殺してまでも、敦盛を助けたのだ。

「一枝を伐らば一指を切るべし」

と、義経が桜花になぞらえて建てた制札、「一枝」を「一子」と解釈したのは、義経の心を汲んだとは言いながら、そこまでしなくてもよかったのではなかったか、戦いとはむごいものだ、これを妻の相模《さがみ》にどう説明し、納得させるか。それからそれへと、熊谷の悩みは尽きない。

そうした心をひっさげて、熊谷は「思案ツギ足」という歩み方で下手《しもて》横幕を出る。この熊谷の出《で》を、玉男はまず重視する。

玉男　歩き方をひとつずつ思案しながら歩いていることやからね。ツギ足いうのはトーンと踏んで、ひとつずつ直る。これはそのトーンを踏まずに出ていく、思案して出てくる「出」やからね。これを踏まずにツギ足をしてくるというのは、自分のハラの中でウーンと勘定しもって。ふつうはトーンと踏むんやけど、これは踏まない「思案ツギ足」と言うてね。花道を出ていく寸法をこの間に取るようなもんでね。一足ずつ念を入れて直っていくからね。腕組んで。右、左と。それで相当な距離を歩いているように見せる。そういう方法ですね。それがその場の熊谷を表現するんでしょうね。よう考えたもんやな。踏まんと。ツギ足・巻き足とあって、「巻き足」というのは、いばっている足。「ドリャア、ドリャア」て。

歌舞伎とちがって花道のない文楽の舞台では、登場人物が下手横幕から出る場合、時間かせぎの意味もあって「ツギ足」という歩み方をすることが多い。

玉男　「昨日に変る雲井の空～」、こういうふうにして相模に寄り目を引く。「早や首取れよ」

と言うた時に藤の方としては自分の子供のことと思ってるわね、熊谷を見ているはず。相模は、我が子のこととは考えていないわけで、藤の方のほうを隠して相模のほうに寄り目を引く、というのは当然なんやけど、右手の扇を顔の左にかざすと人形が小さくなってしまう。だから栄三《えいざ》さんは、上手の藤の方を無視した感じで、相模に悟られないよう下手に対して扇でさえぎる。僕も栄三さんの型をやってます。

この寄り目に関しては、『吉田栄三自傳』に、こう記述されている。

「皆藤の方に目を曳いて居て、泣く時でも、扇で藤の局に顔を隠して居たのですが、二三日程遣って居る中に考えると、どうも工合が悪いやうに思へてならず、表向きは敦盛の事でも、実際は小次郎の事で、その母親が下手に居るのですから、どうしても、相模の方に目を曳く方がよいと思ひました。これは、ひょっとすると、自分の考へ違ひかも知れないと思ひましたが、改めて遣って見ましたところ、亡くなられた石割松太郎さんが非常に賞めて下さいました」

玉男が、初世栄三を崇拝するのは、ここらあたりの感覚で、「ひょっとすると、自分の

「熊谷陣屋の段」

考へ違ひかも知れない」と謙虚さを保ちながら、思い切ってやってみる栄三の姿勢が、そのまま「玉男の姿勢」に乗り移ったような気がする。

それは、こんなところにもあらわれている。

玉男　僕が藤の方を遣《つこ》うた時にな、熊谷の左を遣うてる時分から気づいたことがあって、熊谷が物語する前、相模と二人の時にね、「無官の太夫敦盛の首を取ったり」というところがある。そしたら藤の方が出てきて熊谷の刀を取って「『熊谷やらぬ』と、抜くところ」という文句がある。藤の方が熊谷の刀を取るのだが、かつては刀の取り方が不自然やった。このあたり昔は、熊谷がやりやすい段取りにしていたのやね。しかし、僕は、その手が不自然やと思ってね。

オリンピックの時や、昭和三十九年。日比谷の芸術座の時、僕が藤の方遣うてて、三世玉助さんが熊谷で。左側に置いてある刀を、僕の藤の方が「熊谷やらぬ」でコウ取りますよってに、裾を払ってほしいと。そうすると藤の方が熊谷の前に倒れ、刀は鐺《こじり》が上にくるから、左遣いに取らして、押さえつけてくれたらよろしおすよってに、と提案した。けど玉助さんは「いやー、昔の通りにやりますわ」って。それからのちに僕が熊谷を遣うようになってから、四世清十郎が藤の方で、それはもう改良したやり方で、今もずっと、このやり方をしてます。

山川　やっぱり玉男さんのやり方というのは、理に適《かな》っているほうが好きだと。理に適わないのは人形でもやりたくないと。

玉男　そうそう。やりたくない。

山川　首実検のあたりというのは?

玉男　仕事は多い。扇子で隠すところ、それを僕が玉助さんの左を遣うていた時分にね、楽屋に扇子忘れた。出ていく時、ちょうどラジオで相撲をやってたのか、舞台に出る前から玉助さんとなんやかんやしゃべっていて、いざ出ていったら扇子、あれへんね。「アッ」って首桶で隠すしかないね。「おっ、玉男どうしてん?」「扇忘れてた、これでエエねん」言うて。で、あくる日から「玉男はん、扇持ってまっか」て。「出る前にしゃべりなはんな、しゃべるから忘れまんがな、しゃべりなはんな、もう聞けへん」言うて(笑)。二、三日そんなやりとりして。

山川　じゃれあっていたわけだ(笑)。ほかに、熊谷の見せどころ、難しさ、ありませんか。

玉男　最後までむつかしい。僧の姿になってから「十六年もひと昔~」いうとこな、歌舞伎でもあるけど、文楽の場合有髪の僧侶、頭なでるけど、あそこらの思い入れとかね。兜《かぶと》下《した》といって、かしらが文七でも、いちばん悪いような、使い道の少ない、あまりエエかしらじゃないものを遣う。そこらはよっぽど思い入れを深くせんならんからね。むつかしいですよ、最後までね。有髪の僧になってからも、ハラ遣うところは十分にあるからね。まあ、お客さんには見せ場は首実検とか物語やけどな。ハラを遣うといったら、最後の最後まであるから、まあ、楽しめる役です。

■　■　■

一谷嫩軍記（いちのたにふたばぐんき）

宝暦元年（一七五一）十二月大坂豊竹座初演。作者は並木宗輔（千柳）・浅田一鳥・浪岡鯨児・並木正三・難波三蔵・豊竹甚六。源氏の武士熊谷次郎直実はかつて院に仕えた武士であったが、不義密通の罪を見逃された。一谷に出陣する熊谷に源義経は、院の落胤である平敦盛の救出を暗に命じる。熊谷は我が子小次郎と敦盛を取り替え、小次郎を敦盛として討ち取る。その有様を物語る熊谷物語とその行動の是非を義経に問う首実検が見どころ。

光秀

【絵本太功記】

昭和四十一年五月二十八日から六月六日まで、道頓堀朝日座で、六十六年ぶりに『絵本《えほん》太功記《たいこうき》』の各段が揃う「通し上演」が実現した。

この頃、すでに高齢だった八世綱太夫《つなたゆう》、二世喜左衛門、六世寛治らは、次第にミドリ化（通し狂言の中の一部を身取って上演するやり方）する傾向を危ぶみ、自分たちが覚えていることを、宝の持ちぐされにせずに後輩たちに伝えていこうと、『絵本太功記』の通し上演を考えた。文楽技芸員の若い人たちも、新作に取り組むような気がまえで、これにこたえたのであった。だから、ものすごい熱気があったことを覚えている。

十段目の「尼ケ崎の段」は、義太夫ファンならずとも知っているのだが、通し上演をしてみると、光秀《みつひで》や、その家族、そして、久吉までが、なぜこの尼ケ崎に集まるのか納得させられるし、それぞれの人物の性格や心理がとてもよくわかり、大成功だった。さらに、作者の各段に対する工夫もあきらかになった。

昼の部が、

「二条城配膳の段」　「本能寺の段」　「玉露使者の段」　「局注進の段」

「長左衛門切腹の段」　「妙心寺の段」

夜の部が、

「杉の森の段」（玉男は、「杉の森」の石山本願寺派の知将鱸《すずき》重成と、久吉役だった）

「瓜献上の段」　「夕顔棚の段」　「尼ケ崎の段」　「大徳寺焼香の段」

そんな折、玉男の門弟の玉昇（昭和五十二年没）が、数の減った人形遣いを補うため、四人の中学生を引っぱってきた。舞台に、たとえば九番の人形が出る場合、人形遣いは二十七人も必要で、とてもまかないきれない。そこで早速、この中学生にツメ人形を持たせたり、足を遣《つか》わせたりしたのだった。簑太郎《みのたろう》（現桐竹勘十郎）が、父二世桐竹勘十郎に連れられて入座したのもこの頃である。

外題の『絵本太功記』が示すように、秀吉の武功をたたえる物語「太閤記」が背景にあってのことだから、芝居のシンは秀吉、つまり、この作品では真柴久吉である。

羽柴秀吉を真柴久吉、織田信長を尾田春長、そして、明智光秀を武智光秀と、それぞれまぎらわしく、しかも発音上は実名がふんぷんと匂うようにした作者の知恵に、感服のほかはない。そして、尾田春長は暴君、久吉は知将としてあつかい、その狂言まわしに悲劇の武将光秀を登場させたのである。

世にいう「光秀の三日天下」が題材で、光秀が信長を本能寺に急襲し、天下を取ったものの、秀吉と戦って惨敗し、最後は小栗栖《おぐるす》村の農民の竹槍にかかって命を落とした事件を、六月一日から十三日までの十三段の人形浄瑠璃に仕立てた。

光秀は、尾田春長の徹底的なイジメにあう。このイジメがきつければきついほど芝居は盛りあがる。世間からは逆賊との汚名を受けようとも、芝居の中の武智光秀は、庶民の同情を一手に集める存在となった。

暴君の春長が、泉州（大阪府）の妙国寺の蘇鉄《そてつ》を、強引に自分の屋敷へ移したことが発端となる。周囲の説得もあって、ひとまず妙国寺にあずけるところまでは春長も妥協したが、蘇鉄の番人である普天坊が春長と対立し、その普天坊を光秀がかばったことから、光秀は散々に打ちたたかれる。

そのあと春長は、可愛がっていた森蘭丸とはかり、光秀とその子息十次郎にいんねんをつけ、蘭丸の鉄扇で光秀を打たせ、門外に引きずり出す。屋敷に帰った光秀が、じっとイジメに堪えている折から、領地の召上げと、久吉の配下になれという通達があり、これで光秀は完全にキレるのだ。

本能寺で春長を死なせてうっぷんを晴らした光秀だったが、逆臣のそしりはぬぐえそうにない。しかも、なんの恨みもない真柴久吉と敵対しなければならなかった。妙心寺にいた光秀は、母親のさつきの苦言に心を動かされて、いったんは辞世を残して切腹しようとするが、四王天田島頭《しおうでんたじまのかみ》に止められて、久吉と戦うことになってしまう。

かいつまんで言えば、このような次第だから、光秀に同情が集まるのも無理はない。そして『絵本太功記』は、いよいよ十段目、ドラマは最高潮となって盛りあがる。「タイジュー（太十）」といわれる「尼ケ崎の段」が、これである。

「〽ここに苅り取る真柴垣、夕顔棚のこなたより、現はれ出《で》でたる武智光秀……」

この有名な文句で知られた光秀の出には、太夫の語り方にもいろいろあるが、三味線のタタキという演奏法（撥《ばち》をタタキつけるように激しく弾く）が迫力を生む。

明治の頃の大名人豊澤団平《とよざわだんぺい》は、ただでさえ腕力が強いのに、光秀の出はさらに激しく、おそろしいまでの大乗りで太棹《ふとざお》の弦に撥をたたきつける〝タタキ〟が雷のように響いて、表の木戸番が、道具が倒れたのかと早合点したというエピソードが残っている。

山川　光秀の出というのは見ていてワクワクするんですが、やっておられてどうですか。

玉男　（笑）まあ、見せ場やからね。第一印象やからね。そやからキメはどっしりと。そこで軽々しゅういってしもたらいかんのやね。勿体《もったい》つけて。

その前に、母と顔を見合わせるような場がある。そこで光秀は笠を持って出てるんやけど、笠だけで、顔はけっして見せたらあかん。そのままずっと忍んで入る。そうしないと次の出が死んでしまう。

山川　光秀は相当重いものですかね？

玉男　重量？　一度鎧《よろい》を着せたことがある、四世玉蔵さんかな？　そら、重いんですよ。襌《ちはや》を身につけて出るのが本式で、鎧は間違い。光秀は太刀《たち》を吊ってません。常のなりできて、小刀だけしか持ってません。歌舞伎は太刀を吊ってますが。僕も吊ってないから最後に瓢簞《ひょうたん》切るのも何もかも小刀ですわ。

山川　鎧と太刀だと、当然もっと重くなりますね。

玉男　太刀があると、竹槍もいらんしね。なんでも太刀で切ったと思うんです。農民に竹槍で殺されたという歴史を取って、それを竹槍で語らせてんのでしょう。どっちにしても、太刀があって竹槍、というのはおかしいと思います。

昭和四十一年五月の『絵本太功記』の時に、光秀を遣ったのは、四世桐竹亀松だった。私はその亀松にインタビューしている。その時、亀松は、不満げにある主張をした。

劇評家の山口廣一氏が、鎧を着た亀松の光秀の人形を評し、

「光秀は襷（襷襻とも書き、たすきの一種とも考えられる小忌衣《ちはや》のような上羽織）を身につけて出るのが本式で、鎧は間違いである」

と書いたのが、亀松は気に入らない。

「この襷は、初世吉田玉造が、後年体力のおとろえを感じ、鎧が重いので省略して襷を用いたのであって、これはあくまでもズボラであり、襷は本来、たたかいに疲れて鎧を脱いだ時の姿だから、戦乱のただ中では鎧がほんとうだ」

と、反ばくしたのを覚えている。

なるほど、ただでも重い文七の人形を持ってじっと堪えている光秀に鎧を着せるのは相

「尼ケ崎の段」

当こたえるだろうし、人によっては、軍扇を右膝に立てるのも省略する。亀松は、この略式が、ひとつの型になるのが不満だったのかもしれない。

山川 光秀の難しさというのは、堪えている時でしょうか。操《みさお》がくどく、婆もわめく、みなから責められる、すべてじっとこらえてますね。

玉男 もう堪えるところ、多いですな、どの場でも。「木登り」からですか、発散しますのは。それまでは暗い役やね。

山川 堪える役というのは、あまり好きではないですか。

玉男 そりゃまあ、堪える役やっててね、発散するところがあとに出てくるだけに、やるところが値打ち出てきますのや。堪え方によって、発散のところが生きてくる。効果がちがう。

十段目はね、だいたい豪傑らしゅうに見せるやり方と、品格を見せて遣うやり方の、二手があると、玉市さんが言うていました。

三世玉蔵さんは品よく、将軍としての品格を見せての遣うやり方で、一方、四世文三（注1）さんが遣う時はものすごい豪傑、豪の者として遣う、とね。

山川　品格見せる時のテクニックは？

玉男　それはね、極端に言うと、操がクドキして「我が諫めを用ずして神社仏閣を破却し、悪逆日々増長すれば～女童の知る事ならず、退さりをらふ」で、トントンとさがる。光秀は座っているのを、一度直って、足を下に下ろして棒足でねめつける。手すりに足を下ろして迫るように。それが、ちょっと大げさすぎるやね。まあ、文三さんがやったのは、それやね。

玉蔵さんは腰掛けたまま、バーンと、体をふって、ねめつける。棒足はしない。足のむきを変えて睨《にら》みつける。僕は、そのほうをやっています。田舎、地方巡業へ行った時は、棒足を使ったりもするけど。

山川　使い分けるんですね（笑）。

玉男　派手にやるほうがエエこともある。そのほうが受けるから。けど、腰は掛けたままです。というのも地方の劇場は文楽用にでけてへんので、手すりが高いから、文三さんのままやると見えなくなってしまうんでね。舟底の設置ができないから。手すりに足下ろすと人形が低くなると前のお客に見えなくなる。

山川　光秀の立場から見ると復しゅうはわかるし、おばあさん（光秀の母）の立場にたつと、なにもそんなこと、しなくていいのに、ってことですよね。

玉男 どこに出てきても悲劇の主人公やね。「二条城配膳の段」でもこらえこらえるところ、あそこのハラ芸、むつかしいね。それと「妙心寺」、あれも、はじめはそんなに動きがないですわ。その間に自分が主君を討ったという責めに追われて辞世を書いて自害しようとする。あの場面「順逆二門なし。大道心源に徹す。五十五年の夢覚め来たって、一元に帰す」、あそこは初世栄三《えいざ》さんがやってるのを私も見てますが、昔は、自分で書かずに裏で衝立《ついたて》を斜めに立てて、書いて、書き終わったら表でまわす。待ち合わせは一寸《ちょっと》あるけど。今みたいには書きません。その前の文三さんは書いてたらしい。三世の玉助さんも初世栄三さんのように書かずにやってた。僕になってから、みなが書け書けいうから、やってますけど。

山川 太夫さんというのは待ち合わせはあまり、好まないのですか。けど太夫さんに待ち合わせしてもらわなあかんから、ちょっとね。

玉男 ええ、好みません。嫌がりますな。

山川 だから、人形遣いとして遠慮しちゃうんですね？

玉男 そうそう。僕がはじめて書いた時は「妙心寺」を越路さんがやっていて、「書きます」言うて、やりましたけど。

「妙心寺の段」

山川　だって玉男さんは人間国宝ですしね。もういいじゃないですか。

玉男　（笑）待たして書くほどの字、よう書かんけどな。

■　■　■

絵本太功記（えほんたいこうき）
寛政十一年（一七九九）七月大坂豊竹座初演。作者は近松柳・近松湖水軒・近松千葉軒。読本『絵本太閤記』のブームを背景につくられたが、主人公は武智光秀（明智光秀）。光秀が主君尾田春永（織田信長）を討たざるを得なかった事情、討ったあとも後悔の念深く、味方の劣勢と周囲の諫言に悩む人間像を描く。親を手にかけ、息子を先立たせる孤高の光秀の姿を感動を呼ぶ。

注1　**四世吉田文三**（よしだ・ぶんざ　一八六四〜一九二七）　座頭格の立役で荒物遣い。あまりかしらを遣わずに大きく見せた。故実に通じていたが、稽古の時に太夫の間と合わないと人形を捨て舞台を去ったとも言われる。

政右衛門と十兵衛【伊賀越道中双六】

政右衛門

『近江《おうみ》源氏《げんじ》先陣館《せんじんやかた》』の八段目の「盛綱陣屋」、『鎌倉三代記』の八段目の「義村閑居《よしむらかんきょ》」、そして『伊賀越道中双六《いがごえどうちゅうすごろく》』の六段目の「岡崎」は長いので有名だ。とにかく長い。

太夫も苦しいが、人形も苦しい。

主役の唐木政右衛門《まさえもん》が雪道を出るところから難しく、そのあとすぐツメ人形の捕手を相手に立廻りがある。深い雪の中を草鞋《わらじ》をはいて、足を上げ、軽くトントントントンと踏んでいかなければならない。特に足遣いが大変だ。

ふつうならば足遣いは上を注意して見ていれば問題ないが、これは主《おも》遣いがかすかに肩で呼吸する以外に別になにもしないから困る。玉男さんは先輩にこう言われた。

「足遣いが踏んで、上（主遣い）が遣わしてもらうんや。足遣いから遣うてもらうんやで」

長丁場の出だしがこれだから、「煙草切り」と呼ばれている中盤での政右衛門が煙草を刻むくだりにかかると、腰痛を起こすこともあるらしい。ちょっと腰をかがめた状態だからいちばん辛い。

政右衛門という役は、容赦なく我が子を殺して、敵討の目的にむかって奔走する残酷なところがある。だが大阪人の折口信夫は、『折口信夫坐談』で、

「私はちょっともいやだとは思わない。しかし、大阪は東京より文化的ではないんだということがわかった。東京の人は、私と同輩でも、やはりこれをいやだというから」

と言っているのが面白い。

無双の達人、唐木政右衛門（前名庄太郎）という男の素性《すじょう》と経歴は、師弟が久しぶりに再会したあと、師の幸兵衛によって語られる。

「その方は、山田（伊勢の宇治山田）の神職荒木田宮内が倅なれども、幼少のみぎり父母に離れ孤児となる不憫さに、手塩にかけて育つるところ、稚立ちより武芸を好むは末頼もしく思ふより、門弟どもへ稽古のついで、一手二手と教ゆるうち、一を聞いて十を知る頓智

といひ器用といひ、十五以下にて槍術、剣術、鎖鎌、体術、柔術にいたるまで、諸歴々の弟子を追抜き、真影の奥義を極むる無双の達人。なにとぞ大家へ仕官致させ、親の氏を継がせんと、心頼みに思ふうち、未熟の師匠と見限りしか家出致して十五年……」

師匠幸兵衛が将来を期待した武術の天才、政右衛門の並はずれた強さが知れよう。

ところが、幸兵衛は、自分の育てた門弟の中の大天才の庄太郎が、今は唐木政右衛門となっていることを知らない。まったくの別人だと思い込んでいたというのが、この芝居のミソである。

幸兵衛は、自分の婿の沢井股五郎が、見知らぬ政右衛門という男につけねらわれていることはわかっているが、今、目の前にあらわれた教え子の庄太郎が、まさか、政右衛門などとは考えてもみない。だから、うかつにも幸兵衛は、庄太郎実は政右衛門にこう頼む。

「政右衛門といふ奴。音に聞こへし武術の達人。たとへ五十人百人。加勢ありとて政右衛門にはヤヤ及ばぬ及ばぬ。まだしも唐木に立合はんは、その方ならでほかにはない。なにとぞ婿に力を添へ、助太刀頼む庄太郎」

これには、政右衛門もたまげるが、幸兵衛が幸兵衛なら、政右衛門も政右衛門の立場がある。股五郎を苦労して訪ね探しているさなか、その足がかりをつかむ〝宝の山〟へうまく入ったのだから、師匠には申し訳ないが、自分のことを明かさず、しばらく様子を見ようと政右衛門が思うのは当然だ。

折から、雪の中を、乳呑み子を抱えた哀れな巡礼女が来かかる。誰あろう政右衛門の女房お谷と、幼い巳之助《みのすけ》だった。ここで政右衛門は自分の身元が割れるのを恐れ、非情にも、お谷を追い返す。

しかし、このあと意外な展開となる。お谷が追い返されたあと、幸兵衛の女房が、乳呑み子を抱いてきて、守り袋の中の書付に「和州郡山唐木政右衛門子　巳之助」とあることを報告する。

幸兵衛は、これ幸い、敵の人質を取ったとばかり喜ぶが、逆に政右衛門は、最大のピンチに陥ってしまう。

ここにいたって、政右衛門は、我が子の喉笛を刺し貫くわけだ。幸兵衛は、せっかくの人質を殺されて、不審がる。

「コリャ庄太郎。大事の人質なぜ殺した」

そこで政右衛門、

「ハ、、、、この倅を留置き、敵の鉾先を挫かうと思召す先生の御思案、お年の加減か、こりゃちと撚が戻りましたな。武士と武士のはれ業に、人質取って勝負する卑怯者と、後々まで人の嘲り笑ひ草、少分ながら股五郎殿の、お力になるこの庄太郎。人質を便りには仕らぬ。目指す相手政右衛門とやら云ふ奴、其片われの小倅。血祭にさし殺したが、頼まれた拙者が金打」

と、苦しい言い訳を、大音声で放つのだ。

幸兵衛は、ここで、いち早く事情を悟る。それは、しばらくしたあとの幸兵衛のことばににじみ出ている。

「子を一えぐりに刺殺し、立派にいひ放した目の中に、一滴浮かむ涙の色は隠しても隠されぬ、肉身の恩愛にはじめてそれと、悟りしぞよ。（中略）現在わが子をひと思ひに殺したは、剣術無双の政右衛門。手ほどきの此師匠へのいひ訳さりとては過分なぞや。其志に感じ入り、敵の肩持つ片意地も、もはやこれ限、只の百姓」

と、政右衛門の義心に感じて、股五郎を中仙道へ落としたことを明かす幸兵衛だった。

ここでも、「文七《ぶんしち》」のかしらが光る。

山川　さて「政右衛門」ですが？

政右衛門　「岡崎の段」

玉男　これも紋十郎さんがおった時分やから。その頃にはじめて遣うたのかな。お谷は紋十郎さんで。昭和四十四年頃。

　私の頃かそのちょっと前から、政右衛門の前掛けの文字は「文」になったね。「文楽」やから「文」やろかな。もとは「又」であったように思うな。「又」やったら荒木又右衛門やいうことがわかってしまうやろ、ということで「文」になった。

山川　しかしこれは「又」が面白いように思いますね。玉男さん、「又」にしたらどうですか？腹掛けで肚（ハラ）を隠しているのはシャレている（笑）。実説を暗示してるわけだから。

玉男　そうかな。

山川　「文」じゃ意味がない。

玉男　これはツメの立廻りが面白いね。はじめに出てくる時の政右衛門の出の足の使い方、雪の中を歩くの、僕も若い時分、足遣うていて、文句言われたことあるな。足をこう上げて、こうして。草鞋《わらじ》はいて雪の中、そんなん歩いたことないけど。足を上げて、こう、ポンポンと雪が深いようにしてね。軽くトントントントン踏んでいかんならんからね。

山川　誰に注意されましたか。

玉男　ふつうの足は上を見ていれば遣えるけど、これは肩の呼吸で、ホンホンホンて。上は特別なにも遣わないから。「足遣いから遣うてもらうんやで」て言われましたな。「足遣いが踏んで、上が遣わしてもらうんや」て。「足遣いに遣うてもらうんやで」て。そんなむつかしいこと言われても、はじめて遣う時はね。主遣いのすることを知って遣わないかん足のように思うな。主遣いの呼吸を知っていなね。

これはほんとに、しぐさの多いもんでね。〝煙草切り〟のあいだに腰いた（腰痛）を起こすようなことあるのや。ここ長いんですわ、ちょっと腰かがめた状態で。煙草刻むところやね。あそこはいちばん辛いとこでんな。

山川　しかし政右衛門というのは、理不尽な役というか、容赦ない、残酷なところ、ありますよね。役どころというのは、理不尽とか、あまりにもひどいとか思っては遣えないもんでしょうね？

玉男　そうそう。殺すとこね。

それでね、政右衛門をはじめから通してやりますとね、「岡崎」だけでもね、眉を引かんならんとこが、多いんですわ。もうひとつずつ数えたら、そら多い。長丁場でしょっちゅう引かんならん。僕はなるだけ引かないようにしています。ここぞ、という時に引き立たんことになるのでね、あいさで（しばしば）しょっちゅう引いておるとね。

政右衛門　「岡崎の段」

幸兵衛のことば聞いている時など一言一言、眉引くとね。「政右衛門というヤツがむこうの肩持っとんねん」というような話に、カッと寄り目引いて、眉毛を上げんならんところがあるしね。引きたがるところ、いっぱいある中で、いかに減らすか。これ、僕は長丁場でずっとやっているわけなので。

山川 眉を引くというのは、よほどの時でないと……。

玉男 まあ、驚く時もあるし、また大きな見得《みえ》をする時、人のことばに感動したり、心を動かされた時とか、動揺したり、多いんですわ。だからいかに抑えるかと。そのかわり、かしらでググッと押さえたり、感じたりするふうに遣わないかんわね。その部分。

山川 でも若いうちというのは、なにもしないでいるということは堪えがたいから、つい引いちゃうんですね。

玉男 そうそう。そのほうが楽やから。そのかわり、あとで、ここぞという時に立たんようになる。肝心なところが引き立たなくなる。だからこれ、むつかしいんですよ。

山川 政右衛門では誰がよかったですか。

玉男 初世栄三《えいざ》さんがいいね。うん。昔の四世文三さんが役遣うてる時分に、門造さんが左遣ってね、毎日のように叱られたらしい。そのハラを遣うとこ、肩衣ぬいで子供を殺したのち、「少分ながら〜この庄太郎、人質を便りには仕らぬ」いうところね、子供をなぜ殺した言うてとがめられる。そこで物語するんで、腹をする（肩をぬいだあとたまっている布を整理するためのしぐさ・エゾバラ）時に、四世文三さんに怒られてばっかし。ウチの師匠の玉次郎がね、「わしが今度いっぺん左行ってあげよ、いっぺん見とり」と言うて左をやった。そしたらやっぱりキマったところでガッと文三さんがぼやくんや。そこで「なんやズを使え、ズを」とウチの師匠が、「ズ」を使え、言うた。すると文三さんが「なんや、今日は久ヤンか」て驚いた。昔は本名の久吉なもんでそう呼んでいた。文五郎さんはミーヤン、栄三さんはエーヤン。本名も栄次郎やし。

山川　「ズを使え」というのは、主遣いの「合図」のことですか？　それともあたまの「頭」？

玉男　いや、サインです。「ズをはっきり使え」というのは、サインをはっきりさせよということ。主のしぐさで空いたところで何かする。左は文句を知っていないといけないし、左は主遣いの動きを見ていないとあかん。「ズを使え」って主が左遣いに言われて（笑）。「ホド」（カンに頼るやり方）で遣わないで、はっきりした合図の「ズ」で遣え、ということでんな。

山川　合図があいまいなんですな。

玉男　意志が「ホド」で出たら、さっとやれということでな、「ホド」派の文三さんは。

玉次郎さんは、はっきりした「ズ」を守る、几帳面《きちょうめん》なほうでんな。初世栄三さんでも几帳面なほうで。栄三さんも僕が足を遣っていた頃、「わしの足遣うていたら誰のでも遣える」って。「わしの手伝いをやってたら誰のでもいける」て、言ってました。「ズ」ではっきり遣う人と、曖昧に「ホド」で遣う人がおるね。自分だけ納得してもね、左や足にわからん人がおる。

山川　栄三さんがよかったというのは、どういうところなんですか？

玉男　几帳面に遣う、寸分ちがわない、出ていって、止まる位置も毎回同じところでとまる。だから真似はしやすいように思うね、初世栄三さんのは。

文五郎さんのはちょっとむつかしいねん。もうその日によってちがう。その時まかせで遣える器用さがあるねんな。ちゃんとしたとこはちゃんと決めてるけど、カンもよかった。

山川　まあ、栄三は理論家で、文五郎はカンでいく人と。その場でふっと考えたことをさっとやれた。

玉男　そうそう。

十兵衛

山川　ついでに、六段目「沼津」の十兵衛《じゅうべえ》はいかがでしょう。

玉男　「沼津」は旅先で、あれ四国巡業かな、よう遣ってました。「十兵衛」はまあ二枚目やけどね。

山川　まるで玉男さんみたいなもんでね、二枚目でね。

玉男　フーン。（ちょっと照れて）そやね。〝小揚げ《こあ》〟で歩くところ、ここは荷物は持ってないんですが、これ、むつかしいんですけど、チンチン・チチリン・チチリンって歩くところ、それはもう気持ちエエんですわ。頭の上に手拭いを日よけみたいにちょっとのせてね。煙草をこう、くわえながらね。ここはなかなか気持ちのエエとこです。

山川　二世中村鴈治郎さんが〝小揚げ〟で歩くところ、なんとも言えぬウキウキしたのどかな歩き方、これはよかったですよ。人形遣いの玉男さんもやっぱりそういう気分で遣うんでしょうね。

あとは「平作内」ではどうですかね？　話をいろいろと聞いてやるわけですよね。

玉男　これね、色っぽいとこで、ほんまの二枚目でね。「わしや、こな様に、惚《ほ》れたわい

十兵衛　「沼津の段」

の」言うてやるの、お米にちょっと寄り添うとこがあって、その振りがね、私はもう、子供の時から真似してたことがある。「こな様《さま》に」言うて袂に手を入れて、十兵衛が肩入れて、肩を使って、かしらを起こしたままで、お米に寄り添う、そういう振りのところ、子供の頃から好きやった。初世栄三さんの真似してね。

だから、栄三さん以外で十兵衛を遣うた人で、そんな肩の使い方した人は、なかったように思うな。かしらだけでやってたね。

山川 そぶりを見せるんでしょ？

玉男 そぶり見せて寄り添うと、お米はパッと振りほどいて、「と丶様、あのお方もう往なして下さんせ」て言いますからね。瀬川ということはまだ知らない。妹やいうことがわかって、お金を都合してやりたいために、女房になってくれ言うていくところですから。

山川 あくまで惚れたふりの演技……。

玉男 親父がえらい貧乏して、駕籠《かご》かきまでしているというので、金を都合してやりたいために、ここで口説《くど》くんですわ。口説く真似をする、そこで、ちょっと色っぽい真似をするんですわ。

山川 歌舞伎の十兵衛は、旅支度《たびじたく》の持道具をたくさん持っていますが、文楽では十兵衛は持っていないんですよね？

玉男 まったく持っていない。商売上の道具はみな、安兵衛が持って先行っているから。

山川 「千本松原」の名場面「股五郎が落ち付く先は九州相良……」の前では、十兵衛の笠を平作の頭の上にかざしますが、玉男さんの解釈では、どういう気持ちで。雨に濡れないようにとか、情けの表現とか、いろいろ解釈があるようですが？

玉男 もちろん、雨が降ってきたというんで、濡れないようにというのは一つあるわね。合羽をぬいで着せかけるし、ポーズやね。かたちが美しい。

山川 ホントにかたちのいいところですね。見せ場ですね。よく考えたもんですよね。

玉男 トロトローって雨音がして、ポロンポロンポロンで、胡弓《こきゅう》を入れて。「親子一世の逢ひ初めの、逢ひ納め」って。

■ ■ ■

伊賀越道中双六（いがごえどうちゅうすごろく）
天明三年（一七八三）四月大坂竹本座初演。作者は近松半二・近松加作。唐木政右衛門（荒木又右衛門）は舅のかたきを討つため、義弟の志津馬の助太刀となる。政右衛門はかたきに味方する旧師と再会する。そこへ乳飲み子を抱えた妻がたどりつくが、正体を隠す政右衛門は我が子を手にかけてしまう。志津馬のかたきの逃走の手助けをしている呉服屋十兵衛は、雇った雲助の平作と娘のお米が生き別れになった家族であることを知る。しかもお米は志津馬の恋人だった。

俊寛

【平家女護島】

俊寛《しゅんかん》という人物を演ずる時には、まず、僧であると意識がなければならない。

史実によると俊寛は、後白河院の近臣で、八十八ヶ所の荘園を持ち、三百人もの眷属《けんぞく》を支配するという、権力のある僧だったらしい。だからこそ、藤原成経《なりつね》や平康頼《やすより》らと、鹿ヶ《しし》《が》谷《たに》において平家追討の謀議《ぼう》《ぎ》をこらしたのである。

文楽で使用する俊寛のかしらは、「俊寛」である。つまり、これ一役だけに使う。このほかに一役だけに使うかしらには『嬢景清八島日記《むすめかげきよやしまにっき》』の「景清」がある。これには風波にさらされ、日焼けしたような顔のしわを見せるために、黒っぽいチリメン貼りを使用する。「俊寛」の髪は黒の「ひっくくり」。

俊寛は、生まれたのが康治元年（一一四二）頃で、没年は治承三年（一一七九）という。鹿ヶ谷の評定が一一七七年五月。とすると、流罪になったのはおよそ三十五歳と推定される。歌舞伎では、初世吉右衛門や前進座の翫右衛門《がんえもん》が、晩年になって好演し、その老人風のイメージが定着していて、つい、分別くさい年寄りになりがちだ。

史実と芝居の世界は、必ずしも一致させる必要はないが、私は、三十五歳ぐらいの生気あふれる俊寛でも面白いと思う。島は、当然のことながら魚介類が豊富だし海草もあり、蛋白質もミネラルも十分だから、粗食とはいうものの栄養失調にはならないはずだ。

そこは人形遣いの考え方次第である。

さて、『平家女護島《へいけにょごのしま》』の二段目「鬼界《きかい》が島《しま》の段」が、昭和のはじめ古靭太夫《こうつぼたゆう》（山城少掾《やましろのしょうじょう》）によって復活できたのは、豊沢松太郎という明治期の名手の記憶があったからだそうだ。昭和十七年五月の文楽座で、久しぶりに「鬼界が島の段」が上演された。床《ゆか》は、のちの八世綱太夫《つなたゆう》・弥七《やしち》（当時は織太夫・団六）で、人形は初世栄三《えいざ》だった。

玉男がこの役を遣《つか》ったのは、それからずっとあとの昭和四十五年、五十一歳の時である。しかし、それまで、初世栄三の足とか、三世玉助の左を遣っていて、二人の先輩の俊寛における芸風のちがいを感じとっていた。

玉男　初世栄三さんの場合はあくまでも僧を頭においてる気がしましたね。三世玉助さんはどうかしたら侍になりそうなとこがありました。
僕が二人から直したのは、栄三さんにしても俊寛が瀬尾の首を切るところ。「始終をわが一心に、思ひ定めし止めの刀『瀬尾、受取れ恨みの刀』三刀、四刀、肉《しし》切る引き切る、首押し切つて立ち上がれば」で刀を一丁《いっちょう》持ち（両手）する。左も一緒に動かして。「肉切る、引き切る」それを刀でなぐっている、ボテッボテッと胴を切っていた。止めの刀したあとに、そんなんしてもどうかと。それはないと思う。それを僕は、首を切る時、袖を頭にかぶせ、刀を入れて、ぐっと首を差し上げる、というふうに変えた。素人の栄養失調が首を切るのだから、ググッと入れる。さっとは切れないように。

俊寛で大事なのは、舞台へ出ていく時の第一印象である。俊寛はけっして豪傑ではない。あくまでも僧である。瀬尾は歴《れき》とした武士。
俊寛が瀬尾のスキを見て瀬尾が差している大刀を引抜き肩先に切りつける。そこで玉男は、腑《ふ》に落ちないことがある。

玉男　昔から大刀でやってはいるんやけど、今度いっぺん小刀、抜こうかいなと思ってま

「鬼界が島の段」

す。瀬尾太郎は、あれはひとかどの侍なわけで、俊寛が瀬尾の大刀を抜くんの、抜くまでにとがめられるんじゃないかと思ってね。小刀ならすっと抜けるけど、大刀をすうっと抜くまで、ひとかどの侍がじっと待っているのもおかしい思ってね。肩切られるというのはあまりに油断しすぎてると。また抜いた大刀を俊寛が持ってふらふら歩くのも、絵にならん。理屈で考えたら、不自然でね。武術の心得のない僧である俊寛が「どうぞ許してください」と、たまりかねて、ガッと抜くわけだから、小刀のほうが抜きやすい。大刀を抜きにいって肩を切る、そんな暇はないやろと。相手は侍だし。だから、今度いっぺん小刀抜こかと。

どうしても刀持ってからが侍になりやすい。侍にならんように、侍の刀使いとはちがうように、それは注意してます。大刀持つと剣芯《けんしん》が下がる、下げるように、フラフラしてるような感じで遣う。

「俊寛」の幕切れも、視覚的にすぐれていて、人形遣いの見せ場である。独りぼっちになった俊寛は、歌舞伎の場合、絶望の淵に突き落されたたとえようのない寂寥《せきりょう》感《かん》を顔の表情で見せ、最後は「これでいいんだ」と納得し、悟る、という演じ方が多い。文楽の場合は顔で表現できないから、見せ方も難しい。

玉男　そうね、船を見送っていくところの目線がね。あくまでも、かしらの目線は船についてなあかん。

顔だけの芸というのはでけへんからね。山の岩の上に登ってから、たっぷりと哀れさを見せてね。さびしそうに、草をつかんでよじ登ってね、上がってからは松の木にすがって、キマったところで、グワっと思い入れしてチョーンとなってますわな。

岩の上では目線はずっと船のほうに行っているつもりで。見送っている、哀れにね。悟ったというよりは、余韻《よいん》を残したまま終わる、文楽の場合はね。

■　■　■

平家女護島（へいけにょごのしま）

享保四年（一七一九）八月大坂竹本座初演。近松門左衛門作。鹿ケ谷の陰謀に参画して平清盛の怒りをかった俊寛僧都、平判官康頼、丹波少将成経は鬼界が島に流された。成経は蜑《あま》の千鳥と恋に落ち夫婦となった。そこへ恩赦による赦免船が到着する。特別なはからいで俊寛も帰参が許されることになった。ところが千鳥の同伴が許されず、上使の瀬尾に妻が死んだことを聞いた俊寛は、瀬尾を殺して島に残り、千鳥を代わりに乗船させようとする。

「鬼界が島の段」

良弁

【良弁杉由来】

良弁には、「上人《しょうにん》」というかしらを使う。

「上人」のかしらといえば、『日蓮聖人御法海《みのりのうみ》』に使う「日蓮聖人かしら」と呼ぶかしらを思い浮かべるが、日蓮の激しさを感じさせるかしらにかぎらず、良弁のかしらも、ともに「上人」という。良弁のかしらは、顔の相が円満で、品格に満ち、高徳な人物を感じさせる。もとより、この役を演じる人形遣いは、大体が座頭格《ざがしらかく》と決まっていた。かしらの大きさは、タテが四寸五分（約十四センチ）、横が三寸（約九センチ）、というのだから、武将の武智光秀とか熊谷真実《くまがいなおざね》に使う「文七」のかしらと同じ寸法で、しかも、ゆったりとした動きに終始するから、この役の時の玉男は大変らしい。

玉男　とにかく遣《つか》いにくいかしらですわな。手足をあまり動かさないいうことはね。立ち人形だけにね、はじめ立って、ずっと立っている間が長いんです。後ろむきに片手で拝むとこ、人形の腰を、脇から手を入れて支えつつ拝むんですが、その手の肘《ひじ》はピンと伸ばしたままで支えている。ここがなかなかむつかしいのでね。よっぽど左がうまくやってくれんと手がしびれてしまうんですわ。左が腰をずっと押し出して受けてもらわんと、もう重くって持ってられないんですわ。この左遣いはかなり立者《たてもん》（力量のある人）でないと。今は玉女《たまめ》（現二世玉男）がやっていますけど。立っている間がもう、長いから、左遣いがしっかりしてもらわんと。よっぽどタイミングよう受けないとむつかしいんですわ。

そしてかしらが坊主でしょ。かしらが軽くて下がずっしりと重いと遣いにくい。上下のバランスが悪うて、ちょっとかしら動かすにしても軽すぎて、とってもむつかしい役ですよ、これは。かしらと衣裳のバランス悪いから。下が重けりゃ上も重い、というほうが遣いやすいんです。

あとまあ、腰掛けたままでね、まだ渚が自分の母親だとわからんままにね。その間のやりとり、腰掛けたままなんやけど、目線がむつかしいんですね。手を使うようなことも滅多にないから、かしらだけで物言うの、目線をはずさんようにせんといかんので。

そういえば良弁でね、昔、初世栄三《えいざ》さんが遣っておられて、いっぺん病気でね四世玉蔵さんが代役した時、守り袋を出してね、「それなる守りはこれなるか」とパッと突き出すとこがあるんですが、「これなるか」とちょっと優しィ首かしげた、ちょんとうかがうようにした、玉蔵さんが。もうこれはならんの。食えないというか。恰好にならんのや、首かしげたら。ぼん（僧）さんが品《しな》つくったらおかしいので。これ戻すのに往生した、て。本人も「こらぁ、えらいことした」と思うたけど、かしらを元の位置まで戻すの大変やったと。そない言っていましたな。「これなるか」、相手が気づくまでじっと見せていてこそで、長い間むこうが「アッ」となるまでかしら傾けたまま、いつ直そうかと思っていたと。ついこう優しィ行きたくなるけどね。「えらいことした、あんなんするもんやないわ」って（笑）。たしかに首かしげたままじっとしていたらおかしい。

良弁役は特殊なかしらを使うだけに、主遣《おも》いは、下駄も、高いものを使用する。下駄の高さはいろいろあって、たとえば、馬が登場する場合、最も高い下駄「1番」を使う。その次の「2番」は、荒事の二枚目で熊谷とか光秀といった役どころに使用するが、なんと、その「2番」を、玉男は良弁の時にはくのだと言う。

そんな話から、下駄談義や、それにまつわる玉男のとっておきの昔話になった。

山川　下駄にはいろいろあるでしょうが。調整したりするんですか？　玉男さんはお背が高いでしょ。

玉男　だんだん短こなって、縮んできたがな。役によって高さはね、手負いになったら低くなるし。へたりますやろ。そうなったら、人形の腰も落とさなならんし。低い下駄にはき替えます。

山川　主遣いはいくつぐらい持っているものですか。

玉男　僕は、七種類くらい。

1番（馬の上にのる時）。2番がだいたい立役の仇もの。3番が三種類。新3号、3号、特3（特別3号）。特3が3番の中でいちばん高い。特3、新3、3の順に低くなる。4番、これは二枚目と女形用。5番がいちばん低い。おばあさん役とか。治兵衛でもね。はじめの「河庄」の治兵衛はふつうの3、これは下に立っている時が多いでしょ。この頃背が縮んできたから。で、「紙治」になったら4でいきまんね。4がいちばん多く使いまんな。

「二月堂の段」　渚の方（文雀）

僕固有の番号。僕がつくらせた。そのくせ「新3て高い奴やったかな?」「ちがいまんがな、真ん中です」とか人に聞かないとわからんこともあって（笑）。

山川　下駄の底に草鞋《わらじ》をつけますね?　すり減りますから。

玉男　つけ替えます。そういう特別のものを滋賀県だかでつくらせています。耳が四つあって。紐がある。二公演（四十日）くらいはいたら、つけ替えてくれている。草鞋がすり減ってくるとね、頭にピーンとくるんですわ。舞台の木と下駄の角が当たったら、ピーン（笑）。それ、気持ち悪いのでね、いちばん下の足遣いが、みな取り替えをしてくれる。

山川　草鞋ってよく舞台で滑りませんね?

玉男　滑りませんな。これはよう考えたもんでね、今でこそ舞台はきれいやけどね、昔の舞台はね、新橋演舞場でもそうだったし、大阪もそうやけど、釘《くぎ》が打ってあるでしょ。その釘がちょっと浮いてきて出っぱっている、それにひっかかったら、草鞋のほうがプチッと切れる。

山川　なるほどね。

玉男　切れてくれる。そやから割合こけないですむんですわ。ところがこれが、音せんようにとかいってゴム打ったりしてたら、釘にひっかかったら、デーンとこけてしまう。

田舎へ行くと、田舎の人形芝居に行ったことがあるんやけど、豊橋の吉田文楽へ。文五郎さんも一緒にね。そこの下駄を見たら、音せんように綿入れ（綿）がつけてあんの。前にも、後ろにも。そんなんは、綿がめくれてくるし。舞台で擦ったりしていたら、すぐめくれてくるし。釘もひっかかる。僕たちは自分らの舞台下駄持っていったからよかったけど。だから、草鞋いうもんは、よう考えたもんですわ。また、取り替えた時は気持ちエエくらいのクッションや。

山川　しかし、あまりこける人はいませんね。たまにはいますか。

玉男　います、います。三世玉助さんがようこけました。こけて、足くじいたら、僕が代役するんで。僕が左だったので。よう代わりましたわ。そういう僕も四、五回はこけていまっせ。

山川　こけると、どうなりますかね？

玉男　こけ方にもよるわな。スカーとこけてしもたら、それはそれでエエがな。それでよろしいけどね。そやけど足くじいたりしたらね、下駄はけへん（はけなくなる）しな。

山川　お客からは？

玉男　わかる。丸わかり。いなくなるんやもの。足遣いが止めないといかんのやけど。け

「二月堂の段」

ど足遣いが、止めるところまでいかんほどの（腕前）の足遣いやったら、ズバッとこけてしまうわね。だから昔、僕はウチの師匠の足遣っていて、十六歳の頃に九州の大分県中津に巡業で、「新口村《にのくちむら》」の孫右衛門で、傘さして二重から下へ下りるとこで。また地方巡業は毎日、舞台がちがうでしょ、慣れてない。その下りる時に廻り舞台の角かなんかで、師匠の玉次郎がグデンとこけた。さあ、もう起きられない。二世玉市さんが左やったから、さっとかしらを持って、誰かが飛んできて左持って。幸いにも幕切れになるので、そのまま舞台を終えました。あとで師匠の旅館をたずねると、「もう足の具合がどないもならんから、明日帰るよって」て。その頃、みながぞろぞろ見舞いにきますやろ。それにいちいち「足がコレやからな」て、僕をあごで指してね。

山川　辛いですよね。

玉男　そうそう。それは、しっかり足やったら止められるらしい。けど、こんなに工夫してるのにみな足遣いの責任や言われて、「もう帰る、僕も帰ります」言うて（笑）。「残ってなあかん、上手やったらちゃんと止められる」言われて。人形遣いこかしたら（ころばしたら）、足遣いの責任いうことになっとるんです。

それが、僕が兵役から帰ってからのこと。今度は、三世玉助の横蔵（『本朝廿四孝《ほんちょうにじゅうしこう》』）の足を、やってくれと言われて遣ったことがある。むつかしい立役の足を遣える人が少なかったから。ある日、玉助さんがこけかけた。それで僕がガッと引き寄せて、こけかけたものを立て直した。やっぱり足が止められるんや、救えるもんやなと思った。

熟練していない足だったら、自分の足を動かすだけで精一杯や。余裕が出てきたら、ああ、こけかけたな、と思ったらグッと腕と一緒に引っぱれると。

山川　でも若いうちは恨んでしまいますよね。

玉男　そうそう。こっちも必死で遣っているしね。アッと思ったら、もうおれへんね。

山川　玉男さんも「もう帰る」って、よく言いましたね。

玉男　あれはその頃の若手公演で、紋十郎さん、当時の玉幸（のちの三世玉助）さんを筆頭に、地方巡業中の九州小倉公演の時でした。足遣い連中が五、六人で泊っている旅館が劇場のすぐ裏にありまして。開演時間が正午、昼食も十一時半に頼んであったのが二十分も遅れて持ってくる始末。あわてて食べはじめた頃には幕開けの拍子木も聞こえてくる。いかに近いとはいえ、飛んでいって黒衣《くろご》に着替えて舞台に出た時はすでに『仮名手本忠臣蔵』の「兜改《かぶとあらた》めの段」が開幕している。幹部の紋十郎さんも足遣いの分担のツメ人形の大名を持ったり、僕の遣う若狭介《わかさのすけ》の足は由良助《ゆらのすけ》役の玉幸さん、いずれも黒衣を着ての代役です。恐る恐る足を持ちにいって「スンマヘン」。長袴《ながばかま》の座っている人形の足を持ち代えるのはなかなか面倒なことで、その間、「今頃まで何しとったんや！　おまえら、遊びに来とるんか」「ご飯が遅なって、スンマヘン」「飯食うのが仕事なら、もう帰れ」。やっと足を持ったところでこの一言が頭にきたのか、「エエイ、邪魔くさい」いうんで、せっかく持った足を放り投げ、そそくさと楽屋へ。

その頃は旅先であっても通勤は和服姿、黒衣を脱いで帰り支度をしているところへ序幕が終わってみなが楽屋へ戻ってきた。「ナニ、やめるなんて言うな」ってなだめる者もあるし、紋十郎さんも「帰ったらいかん！　あんたが悪いのやで。玉幸さんにも謝りなさい、わしからちゃんと言うとくさかい」。結局その日はひと騒動を起こしながら終演まで舞台をつとめました。

山川　（爆笑）玉男さんも短気でしたね。で、どう修復したんですか、謝ったんですか。

玉男　舞台が終わるまでは無言のまま。楽屋へうかがい「お疲れさまでした、今日はどうもスンマヘンでした」。玉幸さんもにこにこと笑いながら「さあこれで飯でも食ってこい」とお小遣いをくださる始末。ほんにその頃は人形遣いも平穏な人達ばかりやったと思います。今の時代ならビンタはもちろん、即刻退座（くび）というところでしょう、そんなこと、つくづく思い起こしますね。

■ ■ ■

良弁杉由来（ろうべんすぎのゆらい）

明治二十年（一八八七）二月大阪彦六座で初演。「三拾三所花野山」のひとつ。加古千賀作。豊澤団平作曲。夫の忘れ形見光丸を鷲に連れ去られた渚の方は哀しみのあまり狂乱し、年月が流れた。正気に戻った渚の方は東大寺の良弁大僧正の生い立ちを聞き、僧正に会おうとする。杉の大木に張り出した渚の方の訴えを読んで良弁も感じるが、形見の仏像が証拠となって二人は晴れて親子の対面をはたす。

団七と義平次

【夏祭浪花鑑】

大阪らしい夏芝居なら、なんといっても『夏祭』である。「コンチキチン」の囃子《はやし》が聞こえてくる。

どこの祭かといえば、高津神社の祭礼で、その宵宮に、今の大阪難波に近い長町裏で起こった舅《しゅうと》殺し事件が題材となった。

この『夏祭浪花鑑《なつまつりなにわかがみ》』という芝居は、今日もかなりの人気狂言としてしばしば上演されているが、言ってみれば、ヤクザ稼業の男たちの話である。

喧嘩で牢に入っていた団七九郎兵衛《だんしちくろべえ》の疑いがとけて牢から出る。女房のお梶《かじ》や、俠客《きょうかく》仲間で先輩の釣船三婦《つりふねのさぶ》の出迎えを受け、一寸徳兵衛《いっすんとくべえ》とも義兄弟のちぎりを結ぶ。団七が恩ある玉島兵太夫の息子磯之丞が恋人の琴浦のため難儀しているのを、一寸徳兵衛の女房お辰が侠気をしめして救ったのだが、団七の舅の義兵次《ぎへいじ》が金を目あてに琴浦を連れ出したため、団七は、とうとう義兵次を長町裏の泥田の中で殺してしまう。

この芝居が好評だったのは、初演当時は世間のうわさになっていた長町裏の殺人事件が劇化されたという〝キワモノ〟というのも理由のひとつだが、江戸中期の人形遣いの名手吉田文三郎（一七六〇年没）の創意工夫によるところが大きい。

文三郎は、夏狂言の季節感を存分に出すために、人形の衣裳にはじめて帷子《かたびら》（夏に着る麻の単衣《ひとえ》）を着せ、また、長町裏の舅殺しの場面で、人形に水をかける本水の使用を思いついたのである。

団七の衣裳の柄も、文三郎が考案した。団七は茶の碁盤縞《ごばんしま》、徳兵衛は紺の碁盤縞と、今日まで、決まりの衣裳として定着しているのだから、吉田文三郎という人形遣いが、いかに非凡なセンスを持っていたかが、よくわかる。

玉男も、当然、団七をつとめる時には、この偉大な先人、文三郎の才能に敬意を表しつつ人形を遣《つか》うのだが、大きな丸胴という裸体に近い団七の人形を持って立廻りをやる時の疲労には、辟易《へきえき》されられるという。

初世栄三《えいざ》が三十八歳の時、明治四十二年六月のこと。御霊《ごりょう》文楽座で、『夏祭浪花鑑』の通し、が出て、栄三は初役で団七九郎兵衛をつとめた。舅役の義平次は初世紋十郎だった。「長町裏の段」「泥場《どろば》」とも「泥試合」ともいわれるところで、栄三が出《で》を待っていると、紋十郎がそばにいて、

「栄三、お前、今度の役が満点にできたら、もう座頭《ざがしら》（人形遣いの総帥）やで」

と言われた。

その時、栄三は本当にうれしかったという。

しかし、この「泥場」ほど苦しいことはなかった。紋十郎の舞台は激しいことで有名だ。恰幅《かっぷく》がいいし、低い下駄で、軽い義平次の人形をいっそう激しく遣う。栄三は身体が小さく、高い下駄をはいて、重い丸胴の団七の人形を持って、紋十郎の義平次との立廻りをえんえんとやるのだからたまらない。

「唯持って居るだけでも相當えらい上に、例の『駕返せ』の義平次とのセリ合いのえらかった事は、全くお話にならず、ほんとうに油汗をかき、頬の肉はこけ落ちてしまいました。今考えてもぞっとする程激しい舞臺でした」

と『栄三自傳』で述懐している。しかし栄三はこの苦しさに堪えたのである。

義平次を殺してから、祭太鼓の「ドンデンドン」でトドメを刺し、もう一度「ドンデン

ドン」で頭を振り、最後の「ドンドン」で、後ろむきのネジ（手首を外側いっぱいにねじって人形の首を、足拍子とともにキメる）を遣うのだが、この場合、主《おも》遣いと左遣いの呼吸が大変難しいらしい。女形《おんながた》などの後ろむきとちがい、団七は人形が大きいだけに、ちょっとでもスキがあると、人形の姿勢がくずれてしまうのだ。

山川　かしらは文七（昔は『夏祭』では団七を使ったらしいが今は文七）で動きは多いですよね？

玉男　まあ手数は決まっているよってね、深いハラはないよってね。型が決まっていて、ハラはない。しぐさは多いけれどもね。見場はよい、かたちがね。

山川　客は派手だからごまかされてしまいますよね。

玉男　そうそう。丸胴になって褌《ふんどし》ひとつになってからは、足遣いに半分責任があるね。そこから足遣いの領分ですね。よっぽど足遣いがしっかりせんと、かたちがくずれてきよる。

山川　丸胴になってから、主遣いが注意する点というのは？

玉男　主遣いはもちろん、この二の腕を落とさんように、刀を大きく見せるように。丸胴なだけに、人形が提燈《ちょうちん》（提燈みたいに人形がふくれて見えること）になる心配はないんやけどね。

胴があってその上に丸胴というのを着せる。綿ぐるみの人形です。

山川 玉男さんは義平次をかなり持ち役としてやっておられましたね。

玉男 そう。義平次は三十三、四歳くらいからやっている。

山川 これは、年寄りが激しく動くというものですね。

玉男 そうですね。これがね、昭和二十八年三十四歳が初演かな。その時の団七は三世玉助さん。もっと前かな、なんか早いんでっせ。二世玉市さんが遣うべきところを「わし、しんどい」と言い出して。玉市さん、まだそんな年いってませんのに、五十代やのに。玉市さんが本来遣うべきものやのに、僕が遣うてました。

山川 その後ずいぶんと義平次、やっていますか。

玉男 やってます。昭和二十七年の新橋演舞場。団七はね、四世亀松さんも遣うた、二世栄三さんも遣うた。そやから、もっと前に遣うているはずなんやけどな。

山川 二十七年だったら間に合わないな、僕は二十九年から演舞場、観ていますが。

玉男 あ、そう。

山川 新橋演舞場は、あの当時、三の替わりまでやりましたよ。

玉男 そうそう。四までやったこともある。そのへんが最初かな。昭和二十七年七月の演舞場が最初かな。団七が四世亀松。

山川　遣ってみてどうでした？　若い三十三歳でやる義平次というのは？

玉男　フフフフフ(笑)。フーン。そうやね、僕は義平次、好きやったからね。遣いやすいね。

山川　いじわる、婿《せがれ》をずいぶんとイジメるわけですね。

玉男　そうそう。これと『弥作鎌腹《やすけかまばら》』の七太夫もよけ（多く）遣うているのや。あの「虎王」のかしらでな。義平次と同じかしらやな。これも早くから遣うてますわ。『弥作鎌腹』これＢＫのスタジオでやったんですよ、写真が残っています。

山川　これはイビル役ですが、イビルのは心地よいですか。

玉男　心地よいね（笑）。団七イジメたりするのんね。僕が義平次、長くやっているので、相手の団七、だいぶ替わっていますわ。いちばんはじめは三世玉助さんで義平次遣うて、四世亀松さん、二世栄三さん、それから故二世勘十郎かな、（故豊松）清十郎（注1）も遣うているし。ほとんど『夏祭』が出たら義平次をやってました。

山川　イジメっぱなしだったですね。

玉男　私が団七遣うたのは最近ですえ、最近といってももう十年になるかな、大阪と東京で。団七九郎兵衛はね。

団七　「長町裏の段」

山川　おたがいに相手の身になってやる、というんで、両方やっている経験というのは貴重ですよね。

玉男　そうそう。けど昔から義平次を遣う人のほうが上役が出ますねんな。初世の栄三さんが遣うた時分に、初世の紋十郎さんが義平次をやっていた。だからほんとは逆やねん、今僕らがやっているのは。そやけど二世玉市さんが遣う役を僕がやってしまった。玉市さんは人形頭取《とうどり》していたけどね。「わし、もうしんどい、玉男に遣わせますわ」言うてそうなってしまった。

山川　イジメの感情を人形でつくるには、具体的にどういうしぐさがありましょうか？

玉男　まあ、なんでも憎たらしいように遣わんならんからな。それで親爺にしていかんならんからね。そやから楽しみな役でしたね、僕は。団七は受け身やけど、受け身の役よりはこっちからトットッと突っかけていく、いうつもりでね。どう言えばいいのかな、格のちがう人を相手にしていてもね、別に遅れを取らないようにいかなならん、恐る恐るではなく。「玉男はん、そんなエライしごきな」って三世玉助さんもよう言っていた。遠慮なしにやるから。「アー」「カー」とか掛け声あったりしてやるからな。

山川　憎らしいという感情を人形に移し込むというか、表現するというのは？　よく人形遣いで憎たらしいという時、自分の顔まで憎たらしくする人いますけど（笑）。

玉男 そんなんがようあるからね。そやなしに、人形に何もかもが集中してなあきませんな。その『弥作鎌腹』の七太夫もそんなふうな役でんな。よう三世玉助さんが弥作遣うてね、注進に行くという時、門口を出る時、僕の七太夫が槍でカンカン突くとね「コラ、危ないやんか」。「危ないことあらへん、僕遣っててようわかってるがな」などと言いもって、トントントンと槍の尻尾で手すりに当てて音をさすよってにね、「こわいがな、危ないがな」、そんなことを言いながらやってました。

山川 団七は泥場でいくつか見得《みえ》をやりますね。

玉男 やっぱり一つずつチントンシャンでやって、いろんな見得をやりますよ、一つ蹴《け》飛ばしたら「カー」としてこうやってキメる。やっぱり五つぐらいはやりますね。刀を大まかにキメてやるのもあるし、右足を出して「ガー」とやるのもあるし、振り上げて左足を出したのとか、五つくらいあるでしょう。かたちを見せるところです。

山川 最後は？

玉男 韋駄天《いだてん》で引っ込みます。

山川 団七走りと韋駄天を説明していただけませんか。

義平次　「長町裏の段」

玉男　韋駄天（いがみの権太も）いうたら、トン、トントン、ヤーホイとキメたらホイホイホイと入るのが韋駄天。団七走りというたら、チャンチャラスチャンチャラ、チャンチャンラ〜って手を前にやったり、三味線のメリヤスがある。

団七走りとは言うけれど、ここの団七は韋駄天で走るんです、引っ込みは。韋駄天はいかにも早く走っている恰好で、団七走りは歩いている恰好で遠方までこれで行くという。韋駄天は三味線には合わさない。

山川　つまり短距離と長距離と考えればいい。

玉男　団七走りは松右衛門・高綱・光秀もあるし、そんなんでいろいろまあ区別できますわな、女形ではお七がやります。半鐘《はんしょう》を登る時、髪をさばきながら「ハーッ、ハーッ、ハーッ」ってやるのも、みな団七走りやからね。

■　■　■

夏祭浪花鑑（なつまつりなにわかがみ）

延享二年（一七四五）七月大坂竹本座初演。作者並木千柳・三好松洛・竹田小出雲。団七九郎兵衛・一寸徳兵衛・釣船三婦という三人の侠客とその女房達の心意気を描く。団七は恩人の息子磯之丞とその恋人の芸者琴浦を守るため、琴浦に横恋慕する大鳥佐賀右衛門の一味ともめている。折しも舅の義平次が琴浦を誘拐したので、あとを追う団七。下手に出て琴浦を取り戻したが、口論となってもみ合ううち、団七は義平次を手にかけてしまう。

注1　**四世豊松清十郎**（とよまつ・せいじゅうろう　一九二四〜八四）　二世桐竹紋十郎門下。戦前の子役時代から才能を認められていた。戦後は三和会に所属。品格ある女形が本領であったが、二枚目から座頭の立役も本役として遣っていた。

沢市

【壺坂霊験記】

文楽初の海外公演が実現したのは昭和三十七年のことだった。イチロー人気で大フィーバーしたアメリカ・シアトル市で開催される「二十一世紀博覧会」に、日本の文化使節として、文楽が参加することになったのである。

この記念すべき海外公演に、玉男が参加したことは、本人にとって大きな勲章のひとつであろう。しかも、人形部門の総まとめ役的な立場であった。

発表された渡米団のメンバーは次の通りである。

太夫（五名）　津太夫、春子太夫、織の太夫（のちの九世源太夫）（因会）

つばめ太夫（のちの越路太夫）、文字太夫（のちの住太夫）（三和会）

三味線（七名）寛治、松之輔、弥七、団六（現寛治）（因会）
喜左衛門、勝太郎、勝平（のちの三世喜左衛門）（三和会）
人形（十名）玉市、玉男、東太郎、文雀、玉昇（因会）
紋十郎、勘十郎、清十郎、簑助、紋弥（のちの玉松）（三和会）
鳴物（一名）藤舎呂園
大道具（二名）松尾芳彦、山下春男
舞台係（二名）長谷川喜一、鈴木幸次郎
団長　川添浩史
以上二十八名

今となれば、よだれの出そうなメンバーだ。

昭和三十七年七月二十一日（土）の午前九時羽田発の日本航空814便で、文楽渡米団は日本を飛び立った。

初の長い長い空の旅だった。これほど雲の上にいたことは玉男もはじめてで、誰かが、「どうみても雲の上団五郎一座だ」と笑わせた。

ハワイで二時間の小休止があり、日系人の文楽ファンが、生のパインアップルとマンゴーを差し入れてくれた時のおいしかったこと。

ロサンゼルスでは、アメリカ紙幣で三ドルの小遣いが支給されたが、トイレへかけ込んだだけで一〇セント取られて、玉男はびっくりしたと言う。

ユナイテッド航空に乗り換えたから、スチュワーデスは白人となり、この一行の中には英語のできる人間はいないから、なにを注文するにも、不便このうえない。

三味線の勝太郎が、美人スチュワーデスに何か言っている。おや、なかなかやりおるな、と玉男が観察していると、勝太郎は英語で、

「ウオター、ウオター」

と、水を注文している。しかし、通じない。

そこで進退きわまって、

「みーず」

と叫んだら、

「OK！」

とスチュワーデスが返事をしたのには、一同爆笑した。

こんな珍道中のすえ、どうやら無事にシアトルに着いたのは、アメリカ時間の二十一日午後四時だった。日本を発ってから実に二十一時間かかったことになる。

現地ではもちろん大歓迎で、心配していた食事も、米の御飯にみそ汁の出る、日本人経営のホテルが指定され、まったく不自由を感ぜず、家庭的な雰囲気に包まれた。

翌日は、二十一世紀博覧会の会場内にあるプレーハウスに楽屋入りする。大道具や証明もみなアメリカ人にまかせるのだから、この人たちに文楽の舞台を飲み込んでもらうため、何度も稽古がくりかえされた。

さて二十三日、初日開演は夜の八時半だったが、玉男が会場周辺の様子をうかがうと、開演三十分前というのに、会場入口はひっそりとしている。開演二十分前になっても、場内には人影すら見えないのだ。いったいどうなっているのだと心配しつつ出演の準備をしていた。

さて、開演五分前のベルが鳴った。客席から、かすかなざわめきが聞こえる。袖からのぞいてみると、なんと超満員の観客でぎっしり埋まっているではないか。いったい、この客が、どうしてわずか五、六分のあいだに整然と入場したのか。玉男は、本当にたまげた。

開演に先だって、ナレーターによる演目の解説が三、四分あり、まず『三番叟《さんばそう》』から幕があいた。

せきばらいひとつ聞こえない。

〈まるで空家で芝居をしているような〉

と玉男はいささか戸迷ったが、鈴の舞のクライマックスでも静寂さに変わりなかった。ところが、柝《き》が鳴って幕が引かれていくにつれ、堰《せき》を切ったような万来の拍手！ アンコールに二度、三度と呼び戻され、はじめて玉男は成功を実感したと言う。

観客の反応を調べてみると、いちばん受けたのは『壺坂観音霊験記《つぼさかかんのんれいげんき》』だった。ことばがわからなくとも単純にストーリーがわかりやすく、面白かったらしい。ただ、谷底へ飛び下りた沢市《さわいち》とお里は死んでしまって、天国で結ばれ、沢市の眼があき喜び合っていると解釈した人も多かったようだ。

シアトルの公演は大好評のうちに無事終了し、そのあと玉男たちは、バンクーバー、ロスアンゼルス、ハワイと、いずれでも絶讃の嵐の中で公演をつづけ、帰国の途についた。

「これだけ外国で評判がエエんやったら、もうこれからは日本での巡業はやめて、アメリカかヨーロッパにしたらどうや」

と、参加者たちは相好をくずしたとのこと。めでたしめでたしである。

いずれにせよ、玉男にとって得難い体験であったことは間違いない。海外の人たちに、日本の文楽は偉大な芸術だ、と感動を与えたことは、それ以後の文楽、ことに、人形遣いを大いに勇気づけたのである。

海外でいちばん評判のよかった『壺坂観音霊験記』は、明治八年に加古千賀《かこちか》作、福地桜痴《ふくちおうち》の添削《てんさく》となっている。千賀は名人豊澤団平《とよざわだんぺい》の妻で、団平は妻の作品に作曲をほどこし、明治二十年二月十日から大阪の稲荷彦六座で、三世大隅太夫が団平の三味線で語り、好評を博し、次第に流行曲のようになったらしい。

クドキの「三つ違ひの兄さんと」という文句は、あまりにも有名である。沢市のかしらは、ネムリの源太。

山川　沢市というのは、仕どころっていうのは、とりたててはないんですよね?

玉男　そうそう。

山川　昔、沢市が観音さんへお参りにと家を出るところで、お里に杖をひかれながら、門口の溝《みぞ》を飛び越えるとかの振りがあったといいますが……。

玉男　それは遣《つか》う人が、勝手にしただけやろね。お里が沢市に当たって、そんなことをやらす人はある。

山川　そんなことは、まあつくっていく、やりほうだい（笑）。

玉男　沢市だけではでけへん。お里がなんかやらんとね。

山川　盲目の役をどうやって表現するかですが？

玉男　それはもちろん目線。ようするに相手に目線をつけたらあかん。耳から相手につけて、目線は相手には合わせない。目線は放つ。かしらの目線をそらすんで、盲目と知れるね。

山川　方向を間違えるとか……。

玉男　そうそう。座頭《ざとう》沢市らしい表現やね。

山川　きもの、衣装の着付けは、何か工夫がありますか、沢市は？

玉男　それはないね。かしらでちょっと顎《あご》を出し気味にするとか、かしらで多少の差はつけて、着付けはそんな変化はないね。

山川　初世の玉造の沢市は、「四つ五つはや暁の鐘の声」ではいあがる型を見せたというんですが、人形のからだを横に寝かせて両手を左遣いに渡してしまって、主遣いが人形の腰のあたりを持ちそえてはわす、今はそんなのやりませんよね？

玉男　やりません。山をはいあがる、というのは、やってもいいことやけどね。山を上がりかけて、いっぺんどっかでこけてから、ちょっと、あらがう、それはあってもエエことやね。

　ただね、語りと合わしていたら、間がないね。太夫を待たさなんだら、でけへん。上がる間、太夫を待たす、ということやからね。昔は待ち合わせをようさしたけどね。こける文句なんかないから。

山川　あんまり引っぱると、いけない。

玉男　そうそう。初世玉蔵なんかは、威厳で、太夫を待たせたんやろけどね。

山川　沢市にかぎらず、絶対に床《ゆか》の寸法には合わないわけですよね、人形の動きは。浄瑠璃の文句にぴったりは合わないですよね。いちいち合わせていたらたいへんなことになっちゃいますよね。省略するか、前に遣うか、あるいはあとに遣うか、いろんなことありますよね。で、三味線に連れて、動きを説明したり、人物の立場や気持ち、季節や時間を表現する「地合《ぢあい》」の問題ですよね。それから「余韻《よいん》」もありますね。そのへんを、ちょっとおうかがいしたいですね。

玉男　だいたい、ことばで手を動かすのが常道やね。そやからことばで人形を動かしている時にことば・文句が長ーいことがある。「大文字屋」（『紙子仕立両面鑑』《かみこじたてりょうめんかがみ》）の助右衛門とか、「新口村」《にのくちむら》の孫右衛門とか。ふつうの腹切って物語るのとは別ので。ことばが重複して同じ文句を長ーいことしゃべっているあいだ、同じ動きを重複して遣わんようにしているね。
それと「地合」を上手に、そこで表現することが肝心やね。

山川　ことばだけで、地合をほったらかしにしているの、多いですものね。

玉男　地合でせいだい（一所懸命）遣う、それが腕の見せどころやね。

山川　地合は油断してはいけないと。地合をおろそかにしない、ということは、具体的には、どういうことなんでしょうかね？　注意深く、すべてに神経を張りめぐらして、ことばだけで処理しないと？

玉男　そうそう。その後の味わいでいろいろ遣うものがあるの。ことばを言うたそのあとに、その地合がある。その間をまあ、いろいろ。

山川　そのへんは、深いところですよね。年季がいりますね。

玉男　ことばのつながりをその場で説明してたんではあかんしね。そこまではわかっている者でないと、地合には届かんね。

山川　玉男さんが後輩や弟子に指導される時には、やかましくおっしゃるわけでしょ？

玉男　それはね、できるような腕前になってからでないと、教えてもわからない。ある程度、年季が入ってこんとね。僕らの遣うてるのを見てなんだら、もうわからんやろしね。左を遣うたりして、主遣いのやってることを自然に見ているとわかってくるけどね。地合でしている仕事、あれこれしてたり、あと始末しているところを見て、覚えていかんと。

山川　「余韻」というものは、どうやったら出るんでしょうね？　歌舞伎とかとちがって、人形というのは何か音があってそれに連れて動くとかが、基本ですから、人形の宿命とでもいうのでしょうか、「余韻」が出しにくいものですよね。そうした中で、「余韻」をどうやって表すのかと？

玉男　「余韻」ね。そりゃもう、地合とかを十分に遣うて表現するんやね。そうする責任があるね。

山川　そうすると、まず第一段階は、ことばでやっておいて、やがて地合を考える段階になって、それから「余韻」に入っていくと。

玉男　そうそう。体で身につけて覚えていかなんだらアカンということやな。

山川　「余韻」を表すのは、動いても動かなくてもいいんだけれど。マア動かないで見せられたら、そりゃもう最高ですね。

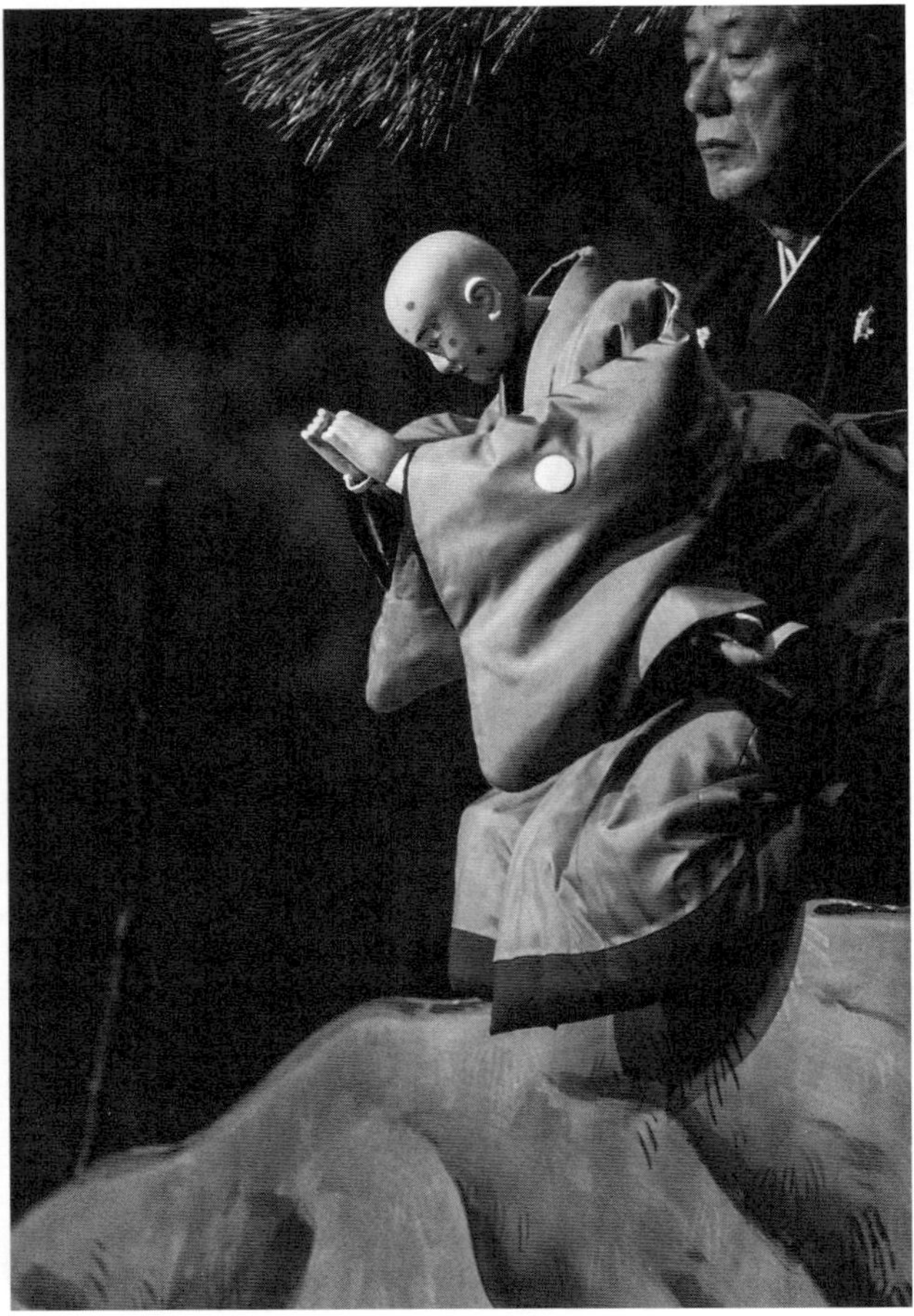

「沢市内の段」

玉男　そうね。けどそういうの、あるよ。菅丞相《かんしょうじょう》とか。

■　■　■

壺坂霊験記（つぼさかれいげんき）

明治二十年（一八八七）二月大阪稲荷座で初演の「三拾三所花野山」のひとつ。『壺坂観音霊験記』ともいう。加古千賀作。豊澤団平作曲。病により視力を失った沢市は、従姉妹のお里と夫婦となった。人の噂にも美しいというお里が深夜家を空けるのを不審に思う沢市が問い詰めると、壺坂の観音へ百度参りをしているという。夫婦揃って参詣にむかったが、沢市は世をはかなんで身を投げてしまう。お里もあとを追うが、観音の力で二人の命は助かり、沢市の目に視力がよみがえる。

与次郎

【近頃河原の達引】

これは、あくまで伝承されてきた話だから、真偽のほどはわからないが、享保十九年（一七三四）十月十五日初日であけた竹本座の『芦屋道満大内鑑《あしやどうまんおおうちかがみ》』で、吉田文三郎という人形遣いが、今日のような〝三人遣い〟を考え出したという。それまでの人形芝居といえば、一人遣いの片手人形と決まっていたが、〝三人遣い〟の人形にして見せたのである。この画期的な工夫によって、それ以後は、人形の口や眼が開閉したり、指が動いたり、眉が動いたりして、人形の操作が複雑になり、かつ面白く進歩していった。

元文三年（一七三八）九月、京都で、猿廻しをしながら盲目の母親に孝養を尽くした男が、その筋から表彰された。

そして、同じ頃、同じ京都でふたつの事件があった。ひとつは、四条河原で、芝居帰りの侍グループ同士が口論から衝突して死傷者が出た事件。もうひとつは、先斗町《ぽんとちょう》の芸妓お俊が、呉服屋の若旦那伝兵衛と心中した事件である。

このふたつの事件と、親孝行の男の話を取りまぜてつくられたのが『近頃河原の達引《ちかごろかわらのたてひき》』で、親孝行の男は丹後屋佐吉といったが、当時、名を売っていた〝叩きの与次郎《よじろう》〟を借りて、お俊の兄に仕立てたのである。ちなみに「達引」とは、意地の張りあい、つまり喧嘩《けんか》のことで、外題は四条河原の侍の喧嘩からきている。

現代は介護の時代である。女房も持たず、猿廻しをしてわずかな日銭をかせぎ、それで親孝行する与次郎は、今の時代の要請に合った模範的な男だが、ともすれば際限のないお人好しと見られ、文楽の与次郎のかしらは、『傾城反魂香《けいせいはんごんこう》』の又平に使用する「又平」で、これがこの人物を象徴している。

山川　本来の玉男さんのやり方というのは、どちらかというと、品《ひん》のよいほうを取ると？

玉男　自然にそうなってるんですわ。与次郎でもね。昔の人は、三枚目というかちょっと阿呆なふうに使う人が多かったね。ああいうお人好しの人というのを私ら、まあ、子供の時から近所にも必ずいてね、「阿呆やなくてお人好し」やと思って遣《つか》ってますな。

惜しまれて亡くなった二世桐竹勘十郎の与次郎の考え方は、玉男とは少し違う。やっぱり三枚目になってしまうのは仕方がないと言っていた。たとえば、与次郎がノミを取るとか、寝る前に庭へ出て小便をしたり、手鼻をかんだりして、観客に面白く見せるのもサービスだと考えていたふしがあった。同じ与次郎でも人形遣いの考え方によって変わるところが面白い。

与次郎はとにかく仕事が多い。貧乏性というか、絶えず動いていないと気がすまないタチだ。与次郎がじっとしているのは、あの有名な「〽そりゃ聞こえませぬ、伝兵衛さん」と言うお俊のクドキの時ぐらいのものだろう。

幸い、昭和四十二年四月に道頓堀朝日座で上演された玉男の与次郎による『近頃河原の達引』を、私自身が記録したものが残っているので、ここに掲げる。

《与次郎全仕事》

（浄瑠璃）（口）織太夫・団六、ツレ勝之輔、（切）相生太夫・重造

（人形役割）与次郎　玉男、伝兵衛　勘十郎、お俊　玉五郎、母　国秀、おつる　勘寿

幕があくと、座敷に三味線二丁が置いてあり、口上がすむと、「同じ都も世につれて」と、浄瑠璃がはじまる。

「琴三味線の指南屋も」で、正面暖簾口からおつる出て、三味線の調子を一寸見てから上手屋体に入り、婆の手をひいて三味線の前へ座らせる。

楽しい「鳥辺山」の掛合連れ弾きがすむとそれぞれ「三味線手」を普通の手にとりかえ、おつるは三味線を正面暖簾口に片附けて〽おつるは立って帰りけるで、下手へ入る。

「母を大事と油断なき、身すぎも軽き小風呂敷、肩に乗せたる猿廻し」で、ムチを腰にさし、首に小風呂敷をかつぎ、その上に猿をのせ、尻からげで与次郎が家へ戻る。

「与次郎は息せき」で、〝あぶらや〟といって後ろ手で帯を締め直すかたち。

戸口の手前でマユと口を動かし、猿の頭をなでてやる。

「母者人、いま戻ったぞや」「おお兄戻りやったか」で、中へ入ると、肩の風呂敷から猿が飛びおり、婆の膝元へ甘へにくる。婆は頭をなでてやる。

与次郎は尻からげをおろし頬かむりを取りそれで足のホコリをはたく。

猿は婆の膝から再び与次郎のところへ戻ってくるが、「ソレ、ちゃっと乳を呑ましてやりおれ」正面下手よりのオリの中へ入る。中には小猿が待っている。

これより婆の与次郎に対するねぎらいの言葉と、身の上のことや養生話で、「イヤノウ与次郎、そなたが孝行してたもるにつけ」から、与次郎はそれを聞きながら色々仕事をする。

まずカンテキ（七輪）を運んで来てそれから右手に湯飲みと団扇、左手にヤカンを手にカンテキの前に座り、火をかきたて、カンテキの上でヤカンをのせてせんじ薬を暖める。団扇であほぐ。

「思へば薬も毒となり、母ではなうて子供のためには呵責の鬼と思わるる」で、婆は右手を左手でさすり、手を袂に入れ胸を抱き悲しむ風情。

「鬼は冥途にあるものを」は、せんじ薬を茶碗についで、今度は番茶の入った別の土びんをカンテキの上にのせ、余裕があれば（玉男談）団扇で薬をさましたり或いは指をつっ込んで温度を調べてみたり……などあって、つまりは母にそれを飲ませると母がむせ返り背中をさするのが、「身を悔みたるむせび泣き」いっぱいにはまる寸法。

婆のセキが納まり、「哀れにも又いぢらし」で、再び薬を飲ませる。

「ああ、コレ母者人、ソリャまあ何を言わんすぞいの」で、与次郎は、母を安心させよ

う と色々景気のよさそうな話をする。その時はカンテキの脇から団扇をとり、それを右手にして盛んにそれを動かしながら話す。

「横町の鮓屋へ卸売り」では、両足をへの字に曲げ、右手の団扇をふりあげてチャリがかった見得。

「案じることは微塵もないぞや」は、母の肩を団扇でチョイとたゝく。軽く相手に呼びかけるとか、つめ寄る時によく使う〝小さなネジ〟という型。人形遣いの手首が外側一杯にねじられている。

そのあと、「それにまだまだ気の毒なは」からの話は、右手にした団扇を立て、団扇の先端を左手でこする。

「ヤレいややのいややの、ああ、あた世話な家持よりは金持がはるかましであらふか」

与次郎胸を張って大いばりのあと、団扇を置き左のふところから財布を出し、母にそれをさわらせ安心させる。この辺り玉男実にうまい。

「母に案じをかけさせぬ嘘八百さへ」で、財布を畳の上にどしりとおいて、大きな音をさせ母を安心させる。

そしてカンテキの上の白い土びんを持ちあげ煙草に火をつけ煙管をくわへて右手で膝を

ポンとたゝきすまし顔の与次郎。どんなもんじゃいという心を見せるが、この時「沼津」の十兵衛と同様、煙管を口だけで手を使わずにくわへるのが特長。

これが、「足らぬ節季の言訳けをいふ下稽古や、これなるべし」に、おさまる。

母の「オオ、それ聞いて落着きました」で、煙管はしまう。

それから伝兵衛の心配事の話になって、与次郎は、「お俊が心根思いやり、思わず涙が」で、目をこすり、「こてこて取出す行燈の火影も洩るる暖簾ごし」

つけ木を棚から出しカンテキの火で燃やし、けむたそうに鼻をおさへ、行燈《あんどん》に燈を入れる。

そして正面の暖簾口から奥をのぞき大声で「お俊」と呼び、あわてて自分の大声に気がつき門口の方をふりむき、今度は声をひそめて、ちいさく「コレお俊」と、呼ぶ。

「アイと返事もしをしをと思い悩みし顔形」で、お俊正面から出る。

この時与次郎は、門口の戸をしっかりと閉め、それからお俊を舞台の中央に座わらせる。

「まあ〳〵ここへ」で、落着くと、与次郎が、お俊に向い、伝兵衛のことをクド〳〵と小心者らしく、関わり合いになるなと説す。

「とりどりの噂評判」では、両手をひろげ「おりゃ聞くたびごとにびくびくする」で身をちぢめる程度で、あまりここでは与次郎は仕事はしない。

「聞くほどせまるお俊が胸」で、お俊は兄の話を聞き、呼吸を乱し胸を大きく動かして心の動揺を表現する。文楽独特の人形の動きである。

「どこにどうしてござるやら」の、お俊の物思いにつれて与次郎の方は米櫃《こめびつ》を出し、ゴザを拡げ財布の中からもらい米をあけて、金と米とをえり分ける。

「いふにいはれぬこの場の品」は、お俊両手をふところに入れ、トンと右肩を落としてシナをつくる。

「母は一途に娘の可愛さ」から母親の話になり、この時の与次郎は最前えり分けた金は財布に入れてふところへおさめ、米は米櫃にあけ、左手にゴザ、右手に木槌をかかへて暖簾の中へ消える。それから箱膳を出し御飯茶碗をとり、箸箱から箸をとり出し、かたわらの籠弁当からまず梅干を二つとり出し皿の上におき、更に残り御飯を茶碗にあけ食べはじめる。(ここで一つ疑問に思ったのは、働き者の与次郎が腹がへるのにこれだけ沢山の御飯を残して帰ってくる……ということだが、玉男の話によれば「お俊のことが気がかりで弁当もそこそこに、あわてて帰宅したので、そのためあまっているという気持で使っています」とのこと。参考までに……。)

「可愛さあまる親心」で、婆が念仏をとなえると、「兄もともども、ヤ、コレお俊、いま母者のいはるる通り……」で、箸を休めて、その箸の右手を盛んに動かしながら、いさゝか与次郎の行儀の悪さを披露する。

「好きなものさへ咽をとほらぬわいのう」で、めしを胸につかえさせ苦しむ。

「母の心と兄の詞、勿体ないと思えども」の、お俊の心のうちを描写するところでは、与次郎は右手に箸を持ったまま、その手で更に茶碗を取って茶をすする。左手には御飯茶碗を持ったままという行儀の悪さ。

「心一つに思案を極め」で、お俊はふところへ手を入れたまゝ考え込んでいたが、軽く自分の決心を示すようにうなずき両手をふところから出し「母さん、兄さん、お二人のお詞よう合点いたしました」となる。

「しかし勤めの習ひにて、人の落日を見捨つるを廓の恥辱とするわいな」では、お俊は先ず左手で煙草盆をとり、右手で煙管をとり、それを左手に持ち替えて、右手では簪をぬき、つまった煙管を一寸ほじってからそれに煙草をつめ、母に渡し、そのあとで煙草盆も母の前へ寄せてやり、母の顔を下からじっとのぞき込む。

これが与次郎の二ぜん目の茶漬めしをかきこむのと同時におさまり「とても末の詰らぬ

こと」で、お俊は右手を動かしてイヤ〳〵という仕種。与次郎は箸で歯をほじる仕種となる。お俊は「品より訳の立つように」で両手をつき母に一礼。結局退状を書くことになり、母親の「兄よ硯箱取やりや。ササはやう〳〵」で、与次郎カンテキを片附けようとしてカンテキにさわり、「熱ッ!」と手を耳たぶに持ってゆく。

この家にも硯箱はあるにはあるが、母は盲目、与次郎は無筆であるから普段使うこともなく棚の上でホコリだらけで、与次郎は硯をおろすと台所へ持ってゆき、ホコリを吹き落す。

これが「詞に否も泣顔を隠す硯の海山と重なる思ひ延紙に、筆の立所の後や先」におさまり、更に与次郎は墨をすり、お俊に紙と筆を渡し、行燈をそばへ寄せる。

「涙に墨のにじみがち……」のあたりでお俊は筆をとって退状（書置）を書き始める。

お俊が書きはじめると与次郎は両手を袖の中へ入れてソワ〳〵とじれったそうに見守る。玉男の話では、昔うつぶせに寝ころんで足をばた〳〵させて待った人もいたという。歌舞伎でもこの型はある。

お俊から書状を受取った与次郎は「オットよし〳〵この状さへあれば千人力じゃ千人力じゃハ、、、、、」で、右手に手紙を高々とさし上げ足を大きく開いて胸をはって大いばりのあと、母も安心して「兄もそなたもそこに寝や」で、与次郎は上手の一間の障子をあけ「と奥底もなき隔てをば」で、母の手を取って上手へ入る。

「押開けてこそ〳〵入りにける」は、お俊、下手の戸口の方へ、伝兵衛は未だ来ぬかと一寸気にしている。

与次郎は上手の一間から敷布団を運び出し寝支度。

「しばしこの世を仮蒲団しく薄き親子の契りやと」で、お俊懐紙を出して枕の上にのせ、横になると与次郎はかけ布団をかけ上からおさへる。

「枕に伝ふ露涙夢の浮世と」の浄瑠璃につれて、与次郎自分の布団も一枚出し着物をぬぎ、ノミをとるおかしみあって、その着物をお俊の上にかけてやり「と諦めて」は、本釣を打ち込み「ふけ行く」で、床廻る。

このあたりはボリ〳〵身体中をかき、オクリの「鐘も哀添ふ」で、せんべい布団へコロリと寝る。

「頃しも師走十五夜の月は冴ゆれど胸の闇、過ぎし別れのいひかはし」

下手から伝兵衛の出となる。

「死なば一緒と伝兵衛が」

右手をふところへ差込み、今来た道をふりかえる仕草あり。

咳払いを聞いたお俊が「飛び立つ思ひ上げる枕も打ちはずす」で、首をハッと持ちあげ、起きあがる。

「与次郎は側に高鼾」与次郎は布団はねのけ大の字のあふむけになる。

お俊与次郎の様子をうかがう。

行燈を吹消してからお俊は戸口へ。

「伝兵衛さんより逢ひに来て下さんした」で、上下お俊、伝兵衛入れ替って寄添う。

「寝耳に与次郎がびっくり……」から「……無理に引込む取違え戸口をうちからぴっしゃり引立て」までは大車輪になって、与次郎とび起き、お俊の寝床をさぐり、カラ布団にびっくりして戸口にかけつけ、伝兵衛を家の中へ間違って引入れ、お俊は閉め出されて戸は閉まる。

「いふも　がた〳〵胴ぶるひ」では与次郎戸口につかまり、足をガタ〳〵ふるわす。

「ヤアなんじゃわしや表にゐるわいな　ヤアその声色置いてくれ」足を左右に動かしチョイノセのようなチャリ型を見せる。

「加勢　加勢とうろうろ〳〵〳〵うろたへ騒ぎ」

与次郎戸口のあたりをウロツキ廻り、戸口の柱に頭を打ちつけて「ア痛！」と、右手で額をおさへる。

「母親もなんじゃ〳〵」で、婆が出る。

「マア気を鎮みやと撫でさする背の手ざはり合点ゆかず」で、婆は伝兵衛の肩をさわって不思議そうな表現。

「探る手先に火打箱がちがち震ふ付木の光」で、与次郎付け木に火をつけ、舞台中央の伝兵衛の顔の前にさしつけて何者ならんとあらためる。

伝兵衛は「お袋兄御エエ面目もないこの姿をなほも小隅に屈みみる」と、両袖で顔を覆って恥しがるこなしがある。

「懐より一通取出し　こはごはながら」で、与次郎は退状を伝兵衛に渡そうとしてひっこめ、箒の先にのせてつき出す。

伝兵衛は頬かむりを取ってその手拭は首に巻く。

「コリャこれを見いやい」で、こはごは与次郎二、三歩前へ進む。

「サア退状じゃ退状じゃ退状じゃぞ」で、伝兵衛の顔のそばへ書状をさしつける。

退状と聞いて「さては」となった伝兵衛は「歯を喰しばる男泣き」となるが与次郎はま

だ退状は渡さず箒にのせたまま「皆目おれはナニオ、祐筆じゃわいサア〳〵早やう。封目切り」で、やっと退状を伝兵衛の前にほふり出し行燈を伝兵衛のそばへよせるのが「突付けられて目に溜る涙を払ひ」におさまる。

「書置のこと」と伝兵衛が読むと「ヤアなんじゃ書置じゃ」で、与次郎大きく尻もちをつく。婆に、伝兵衛にだまされるな、門の戸はあけるなとはげまされて「オット呑込んでいる。ここには俺がへばりついてゐるわい」で与次郎は箒を両手に横にして持ち、カンヌキをする気持で戸口にへばりつく形。

「サア読んだ読んだ読んだ読んだ」は、左へ一回、右へ一回、伝兵衛の方をむいて一回、足踏み鳴らし、そのあと箒を左肩にかついで、伝兵衛につめよる。

伝兵衛の読むのを聞いているうち様子がおかしくなって来て、「いまさら見捨て候ては」あたりで肩にかついだ箒をおろす。

「母者人、どうやら風が変って来たやうなぞや」では、右手の箒で畳をたたき与次郎ソワ〳〵。

「サアその後をちゃっと読んで下され」で箒を離し、与次郎は思わず行燈のそばへにじり寄る。

様子がわかって「母があせれば与次郎も戸口を開くれば走り行く。妹を無理に四人が顔見合せて溜息の涙はさらに分ちなく」では与次郎あわてて外へ飛び出し、面目なさに逃げるお俊を無理に家の中へ押入れ、伝兵衛の隣りに座わらせる。

お俊は伝兵衛の膝にすがりつく、それを見て与次郎は右手で顔をおさへ、そのあと静かに途方にくれて奥へ入る。

伝兵衛が死のうとすると「詞にわっと泣き出し」で、有名なクドキとなり、お俊は涙を袂で押さへて「そりゃ聞えませぬ伝兵衛さん」では左手をいや〳〵というように振りながら伝兵衛のそばへ寄り、両手で伝兵衛の右膝にすがりつく。

「お詞無理とは思はねど」両手を大きく開いて両膝の上にキチリと置いて威儀を正す感じ。

「末の末までいひ交し」お俊胸を両手で抱く。

「なんの遠慮も内証の世話しられても恩にきぬ」伝兵衛の肩に両手をかけ、簪をぬき、伝兵衛の髪のほつれを直してやる。

「ほんの女夫と思うもの」懐紙を出し一枚だけとり出し、それを右手に持って左右に振る。

「大事の大事の夫の難儀」懐紙で鼻と涙をおさへ「命の際にふり捨てて」は立ち上り、

懐紙を持つ右手と左手を交互に前へ出す。

「女の道が立つものか」で、うしろむき美しい形「ウシロぶり」でキマル。

母親の「伝兵衛さんと一緒にコレ死出の道連れしやいなら」を聞いてお俊母親に手をついて一礼する。

「合点してやる親心ここの道理を聞き分けて　コレ拝みます頼みますと手を合したる母親の子ゆゑに迷う闇の闇」

泣き伏している伝兵衛、首に巻いた手拭で涙をおさへ母親をなぐさめようとそばへ寄る。

「二人はなんと詞さへ涙に涙　結ぼるる」で、伝兵衛とお俊思わず寄り添おうとして、母兄の手前を考え引き離れ、伝兵衛は手拭を持って男泣き、お俊も母や兄の愛情に身をふるわせて泣きくずれる。

「血筋の別れ与次郎も　涙の雨の古布子　袖喰いしばりしゃくり泣き」のあたり、与次郎も奥から出て来て両袖を顔に押しあて、泣きじゃくる。

「祝ひ諷ふも声びくに」で、与次郎両袖をひるがえし立ち上っておごそかに形を整える。

そして猿廻しの準備のため奥へ入り猿を引つれて出、「〽お猿はめでたや　めでたやなァ」で、猿廻しがはじまる。

文楽の猿廻しは猿だけの動きで、お俊伝兵衛はじっとそれを見ているだけの演出で、水盃その他はなし。

ただ「アアよい女房じゃに　よい女房じゃに」のあたりで伝兵衛が右手でお俊の肩を抱き、お俊は兄の方を見て両袖で涙をおさへる。

最後の「お猿はめでたや　めでたやな」で、お俊伝兵衛は兄に一礼。

伝兵衛は母のもとへ寄り別れの名残りを惜しみ、お俊もそのあと母をいたわるように、母の顔をのぞきこむ。

そして涙をおさへながら二人は門口へゆく。

幕切れは、舞台中央に与次郎左手で母の肩を抱いて目をしばたたかせ、母は手拭を持って泣き伏す。

門の外は編笠を手にしたお俊伝兵衛が、伝兵衛の左手とお俊の右手をにぎり合い、家の中の母と兄を気づかいながら幕をしめる。

玉男の話によると猿廻しは理屈っぽくやらず、いったん猿廻しがはじまったら一生懸命になる単純な与次郎の性根をふまへているとのこと、そのほうがかえって哀れである。この「堀川」の猿廻しのあと、下の巻では、聖護院の森でお俊伝兵衛が心中しようとするところ、官左衛門の悪業があらわれて殺してもおかまいなしの沙汰があり、ハッピー・エンドという結末なので、昔の文楽の人で、この猿廻しの幕切れに、それを暗示する二匹の猿をお俊伝兵衛の肩にそれぞれ一匹ずつのせて道行させる派手な演出を考えた人もいたようだが、猿がいなくなっては与次郎の商売にさしさわりがあるから、あまりいい型ではない。玉男としては、猿廻しの悲嘆の涙にくれる母や与次郎をよそに、無邪気な猿が柱にのぼって与次郎の顔をひっかいたりする演出を一度やってみたいと言っていたが、今回は、猿廻しがすめば猿はオリの中へ入って、人間だけの幕切れである。

（昭和四十二年四月）

■　■　■

近頃河原の達引（ちかごろかわらのたてひき）

天明二年（一七八二）江戸外記座初演。作者不詳。母は琴三味線の教授で、息子は猿廻しの芸で生計を立てる与次郎親子のもとへ、芸者となっている妹お俊が戻ってくる。深い仲の伝兵衛が悪者の企みにかかり人殺しを犯したという。親子は伝兵衛と別れるようにお俊を説得する。深夜たずねてきた伝兵衛に対して変わらぬ気持ちを訴えるお俊の姿に、母も与次郎も思い直し、与次郎は心中しようとする二人の門出を猿廻しで送り出してやる。

刊行にあたってのご挨拶

初世 吉田玉男

このたび、山川静夫さんが、私との対談を含めた『文楽の男』と題する本を出版してくださる運びとなりました。

実はこれまでにも、私の自伝や芸談をまとめてはどうかというお話をいくつかいただいたのですが、すべてお断りしてきました。

と申しますのも、昭和八年に吉田玉次郎の門弟となり、永年、人形遣いの道を歩んできましたけれど、私としては、与えられた仕事を懸命にこなしてきただけのことで、改めて苦労話、苦心談を問われましても、取り立ててお話しするようなことは何もないのです。

ただ今回は、放送や中継を通して古いお馴染みである山川さんからの、たってのお申し出であり、少しでも文楽のために役立つことならと、あえて辞退せず、お受けした次第です。

山川さんは、私がこの世界に入った年の生まれで、学生時代には『曾根崎心中』の東京初演も観てくださっているそうですし、NHK大阪放送局勤務になられて間もなく文楽協会が発足するなど、偶然とはいえ、やはり何がしかのご縁を感じます。

元来、私は、目立ったことをするのをあまり好まない性分です。舞台に立つ人間は、与えられた役を精一杯演じ、お客様に喜んでいただけたら本望であり、それ以外のことで、周りの方たちの手をできるだけ煩わせたくないと考えてきました。

たとえば芸名に関しても、かつて吉田文五郎師匠や八世竹本綱太夫さんから襲名を勧められたり、最近も、国立劇場の理事だった山田庄一さんから「いっそ吉田文三郎をついだらどうか」と励まされたこともありましたが、私は、十四歳で入門して時に自分で選んだ「玉男」の名前のままで通したいと思っています。

これからも、一つ一つの仕事を大切に、人形遣いとして地道に歩んでまいりますので、ご支援の程を何卒お願い申し上げます。

あとがき

山川静夫

　男の社会は、どんな分野でも競争がある。その結果、「ねたましい」とか「うらやましい」とか、羨望《せんぼう》と嫉妬《しっと》の感情が渦巻く。それは女性以上とも思われる。文楽の世界も、例外ではないだろう。

　ところが、吉田玉男さんの芸歴をふりかえってみると、そんなことには無縁、と思えるほど恬淡《てんたん》としている。なぜか。

　玉男さんがインタビューの中で「僕は要領がいいと人から言われている」と、みずから話された時、思い当たった。要領がいいということは、できるだけ無駄をはぶき、仕事に集中して、脇見をしない、ということでもあったのだ。

　玉男さんは器用な人ではない。お上手《じょうず》も言えない。その結果、仕事――つまり人形を遣って、いい芸を見せて、客を楽しませること、そのことだけ精一杯やるしかないと心に決め、その信念を貫いてきた結果ではなかったか。耳なじんだいい名跡《みょうせき》を継ぐことなど、玉男さんにとってどうでもよいことだったかもしれない。そこが、たまらなく美しい。

玉男さんの人形は、役の性根の解釈が行き届き、控えめな動きの中に、上品な色気がある。そして今や、その「品位」が「品格」の域にまで高められている。文楽のかしらにたとえれば「孔明《こうめい》」がぴたりで、思慮深い。

『文楽の男』は、玉男さんそのものであり、また、玉男さんが遣う役にもあてはまる。内容は、玉男さんのやわらかなお人柄と雰囲気を、できるだけ忠実に表現することを心がけ、大阪弁のことば遣いや口調を生かすため、インタビューを多用する構成とした。

淡交社の小川美代子さんは大の文楽ファンで、これまでにも吉田簑助さんの世界を描いた『文楽の女』で御一緒に仕事をさせていただいたが、今回も多くの御尽力を得た。

『文楽の男』は、小川さんや私だけでなく、文楽の人形を愛する人達の積年の願いを、玉男さんがやっと叶えて下さった一冊である。

平成十三年秋

新書版刊行にあたり

まあまあやな

山川静夫

平成十四年に単行本の『文楽の男――吉田玉男の世界』が出版された直後、東京の国立小劇場の楽屋で、玉男さんにうかがいました。

「どうですか、出来具合は？」

玉男さんは、やさしくほほ笑みながら、こう、おっしゃいました。

「まあまあやな」

この「まあまあ」が実に巧みな表現でした。とびきり上出来ではないけれども、相手の心をおもいやれば、こんな表現にならざるを得ない、といういたわりをこめた玉男さんのお人柄に、感心したものです。

生来の口べたを自覚して、しゃべらなくてもよい人形遣いの道をえらび、以来七十三年間、みごとに文楽の舞台に立ち続けられたのが、名人初世玉男さんです。おそらく、晩年は、体力的にもきつかったと思いますが、いったん舞台に出れば、静けさのなかに品格と色気のある人形が出現しました。「玉男さんの人形には色気がある」と多くのファンに愛され続けた玉男さん。その人柄と芸のすばらしさは、亡くなった今も輝き続けています。

平成十五年秋、「京都賞」を受賞された時、晴れの舞台で私がインタビュー役をつとめましたが、「人形遣いにとって大切なのは、忍耐と観察と熱意だ」と話されたことは、これから芸を引き継いでいく後輩たちにとって、重い教えと受けとめました。昨年、愛弟子の玉女さんが二世を襲名され、初世さんもさぞ喜んでいて下さることでしょう。

大好きだった煙草をやめられたのは、つらかったと思いますが、これも、一生を文楽に捧げる心意気で、最後まで芸にみじんのゆらぎもなかった玉男さんに、改めて敬意を表します。

このたび、玉男さんとの共著『文楽の男—吉田玉男の世界』が淡交社から新書として再登場することになり、更に大勢の方々に読んでいただけることを心から祈っております。

玉男さん、今度も「まあまあ」でしょうか。

平成二十八年夏

写真撮影記録

P8	徳兵衛『曾根崎心中』天満屋の段	平成７年２月
P13	徳兵衛『曾根崎心中』天神森の段・道行	平成６年８月
P21	忠兵衛『冥途の飛脚』封印切の段	平成５年２月
P23	忠兵衛『冥途の飛脚』道行相合かご	平成５年２月
P33	治兵衛『心中天網島』北新地河庄の段	平成９月７月◎
P40	半兵衛『心中宵庚申』上田村の段	平成６年２月
P42	半兵衛『心中宵庚申』道行思ひの短夜	平成６年２月
P46	松王丸『菅原伝授手習鑑』寺子屋の段	平成５年11月◎
P49	松王丸『菅原伝授手習鑑』寺子屋の段	昭和51年３月
P54	菅丞相『菅原伝授手習鑑』道明寺の段	平成元年５月
P57	菅丞相『菅原伝授手習鑑』天拝山の段	平成８年９月
P64	権太『義経千本桜』すしやの段	平成３年９月
P72	知盛『義経千本桜』渡海屋の段	平成３年９月
P75	知盛『義経千本桜』大物浦の段	平成３年９月
P82	由良助『仮名手本忠臣蔵』四段目 城明渡しの段	平成６年11月◎
P85	由良助『仮名手本忠臣蔵』七段目 祇園一力茶屋の段	平成６年11月◎
P97	久我之助『妹背山婦女庭訓』妹山背山の段	平成６年５月
P98	久我之助『妹背山婦女庭訓』妹山背山の段	平成６年５月
P117	万野『伊勢音頭恋寝刃』油屋の段	平成５年９月
P136	松右衛門実は樋口次郎兼光『ひらかな盛衰記』松右衛門内の段	昭和63年９月
P139	樋口次郎『ひらかな盛衰記』逆櫓の段	昭和60年５月
P145	実盛『源平布引滝』九郎助住家の段	昭和60年８月
P146	実盛『源平布引滝』九郎助住家の段	昭和60年８月
P155	熊谷次郎『一谷嫩軍記』熊谷陣屋の段	平成４年５月
P165	光秀『絵本太功記』尼ヶ崎の段	平成５年５月
P169	光秀『絵本太功記』妙心寺の段	昭和62年５月
P176	政右衛門『伊賀越道中双六』岡崎の段	昭和61年５月
P179	政右衛門『伊賀越道中双六』岡崎の段	昭和61年５月
P184	十兵衛『伊賀越道中双六』沼津の段	昭和52年12月
P190	俊寛『平家女護島』鬼界が島の段	平成７年２月
P193	俊寛『平家女護島』鬼界が島の段	平成７年２月
P198	良弁『南都/二月堂 良弁杉の由来』二月堂の段	平成４年５月
P201	良弁『南都/二月堂 良弁杉の由来』二月堂の段	平成４年５月
P212	団七九郎兵衛『夏祭浪花鑑』長町裏の段	平成５年７月◎
P215	義平次『夏祭浪花鑑』長町裏の段	平成７年６月☆
P228	沢市『壺坂霊験記』沢市内の段	昭和64年１月◎

◎印は大阪・国立文楽劇場　☆印は京都・南座　その他は東京・国立劇場での公演

プロフィール

初世 吉田玉男　よしだ・たまお

大正 8 年大阪市生まれ。本名上田末一。
昭和 8 年文楽人形遣い・吉田玉次郎に入門、玉男と名乗る。以来、戦争中の応徴・応召による中断をのぞいて、舞台に立ちつづけ、人形遣いの最高峰として活躍した。
平成 8 年には『曾根崎心中』の徳兵衛役上演千回を達成。昭和 52 年、重要無形文化財保持者（人間国宝）に認定、平成 12 年、文化功労者として顕彰される。
平成 18 年9月 24 日逝去（享年 87 歳）。

山川静夫　やまかわ・しずお

昭和 8 年静岡市生まれ。
昭和 31 年、アナウンサーとしてＮＨＫに入局。ＮＨＫ特別主幹を経て平成 6 年よりフリー。
現在は、エッセイストとして執筆・講演活動など多岐にわたって活躍中。
著書に『綱大夫四季』『歌右衛門の疎開』（共に岩波現代文庫）、『人の情けの盃を』『歌舞伎のかくし味』『文楽の男』『花舞台へ帰ってきた』『歌舞伎は恋』（共に淡交社）など著書多数。『名手名言』で平成 2 年度の日本エッセイストクラブ賞を受賞。

青木信二　あおき・しんじ

昭和 20 年生まれ。写真家・安東紀夫氏に師事。
写真集に『野村万蔵の世界』（朝日ソノラマ）『狂言面礼賛』（芳賀書店）『吉田簑助写真集』（淡交社）等。日本写真家協会会員。

本書は平成 14 年に刊行された『文楽の男—吉田玉男の世界』をもとにしています。
本文は基本的に刊行時の表記をそのまま採用していますが、刊行より時を経たため説明が必要な場合や、難解読字について新たにふりがなを振る等、改訂を加えています。

協力　国立劇場
　　　国立文楽劇場
　　　京都南座
　　　公益財団法人　文楽協会
　　　一般社団法人　人形浄瑠璃文楽座むつみ会

装幀　中本訓生

淡交新書
文楽の男 ——初世 吉田玉男の世界

平成 28 年 8 月 19 日　初版発行

著　者　初世 吉田玉男・山川静夫
発行者　納屋嘉人
発行所　株式会社 淡交社
　本社　〒 603-8588 京都市北区堀川通鞍馬口上ル
　　　　営業　075-432-5151　編集　075-432-5161
　支社　〒 162-0061 東京都新宿区市谷柳町 39-1
　　　　営業　03-5269-7941　編集　03-5269-1691
　　　　http://www.tankosha.co.jp
印刷・製本　図書印刷株式会社

ISBN978-4-473-04117-3